Duden

222 Rechtschreib-übungen

5. bis 8. Klasse

Regeln und Texte zum Üben

3., aktualisierte Auflage

Mit Illustrationen
von Elena la Rovere

Dudenverlag
Berlin

Bibliografische Information der Deutschen Nationalbibliothek
Die Deutsche Nationalbibliothek verzeichnet diese Publikation in der Deutschen Nationalbibliografie; detaillierte bibliografische Daten sind im Internet über http://dnb.dnb.de abrufbar.

© Duden 2017   D C B A
Bibliographisches Institut GmbH, Mecklenburgische Straße 53, 14197 Berlin

Redaktionelle Leitung David Harvie
Redaktion Claudia Fahlbusch, Elke Spitznagel

Herstellung Maike Häßler
Layout Bachmann Design, Weinheim
Illustration Elena la Rovere
Umschlaggestaltung Büroecco, Augsburg
Umschlagabbildung iStock (AzmanL, PeopleImages)

Satz Elstersatz, Stefan Hergenröder
Druck und Bindung AZ Druck und Datentechnik GmbH
Heisinger Straße 16, 87437 Kempten
Printed in Germany

ISBN 978-3-411-73335-4

www.duden.de

Inhalt

Vorwort 6

① Groß- und Kleinschreibung

1.1 Grundsätzliches
`5` Substantive, Satzanfänge, Überschriften und Titel 7
`5` Zusammengesetzte Substantive 12
`6-7` *Angst, Bange, Leid, Recht, Unrecht, Schuld* 13

1.2 Substantivierungen
`5-6` Substantivierte Verben 14
`5-6` Substantivierte Adjektive 17
`7-8` Substantivierung anderer Wortarten 22

1.3 Zeitangaben, Zahlen und Mengen
`6-7` Zeitangaben und Zahlen 26
`7-8` Unbestimmte Zahladjektive 28

1.4 Farb- und Sprachbezeichnungen
`7-8` Adjektiv oder Substantiv? 30

1.5 Eigennamen und feste Begriffe
`5-7` Eigennamen und feste Begriffe 31

1.6 Die Anredepronomen
`5-6` Höfliche Anredepronomen 36

② Getrennt- und Zusammenschreibung

2.1 Verbindungen mit Verben
`5-7` Trennbare und untrennbare Zusammensetzungen 39
`6-8` Verb + Verb 42
`6-8` Substantiv + Verb 45

`7-8` Adjektiv + Verb 48
`8` Adverb + Verb 51

2.2 Verbindungen mit Adjektiven und Partizipien
`5-6` Adjektivverbindungen 55
`7-8` Getrennt oder zusammen? 57

2.3 Verbindungen mit Substantiven
`6-7` Substantiv + Partizip 59
`7-8` Präposition + Substantiv 60

2.4 Schreibung mit Bindestrich
`7-8` Ziffern, Einzelbuchstaben, Abkürzungen und Nachsilben 62
`7-8` Mehrgliedrige Zusammensetzungen 63
`7-8` Schreibung mit und ohne Bindestrich 65
`8` Ergänzungsbindestrich 66

③ Dehnung und Schärfung

3.1 Dehnung
`5-6` Lang gesprochene Vokale 68
`5-6` Doppelvokale 70
`5-6` Das Dehnungs-h 71
`5-6` Das lange *i* 73
`5-6` Vor- und Nachsilben 78

3.2 Schärfung
`5-6` Kurz gesprochene Vokale 79
`5-6` Drei gleiche Konsonanten 83

④ Der s-Laut

4.1 s, ss oder ß?
`5-6` Die drei Schreibungen des s-Lautes 85
`5-6` Besonderheiten 88
`6-7` Die Vokallänge vor dem s-Laut 90

Empfohlen für: `5` = 5. Klasse `6` = 6. Klasse `7` = 7. Klasse `8` = ab 8. Klasse
`5-6` = 5.– 6. Klasse usw.

INHALT

3

4.2 *das* oder *dass*?

6–7 Ersatzprobe 92

7–8 Relativsatz und Konjunktional-
satz 95

5 Gleich und ähnlich klingende Laute

5.1 Vokale und Konsonanten

5 *e* oder *ä*? *eu* oder *äu*? 98

5–6 *ei* oder *ai*? 99

5–6 *b* oder *p*? *d* oder *t*? *g* oder *k*? 100

6–7 *f* oder *v* oder *ph*? 102

6–7 *x* oder *ks* / *cks* oder *gs* / *chs*? 104

5.2 Silben und Wörter

5–6 Die Adjektivendung: *-ig, -isch*
oder *-lich*? 106

6–7 *end* oder *ent*? *and* oder *ant*? 107

6–7 *seid* oder *seit*? 110

6–7 *das* oder *dass*? 111

7–8 *war* oder *wahr*? 112

7–8 *wider* oder *wieder*? 113

7–8 *stadt* oder *statt*? 115

7–8 *Tod* oder *tot*? 116

7–8 Homofone 117

6 Fremdwörter

**6.1 Fremdwörter aus
dem Englischen
und Französischen**

7–8 Fremdwörter aus dem
Englischen 119

7–8 Fremdwörter aus dem
Französischen 122

**6.2 Fremdwörter aus
anderen Sprachen**

7–8 Fremdwörter aus dem Lateinischen und Griechischen 124

7–8 Fremdwörter aus weiteren Sprachen und ihre Eindeutschung.... 125

8 Die Bedeutung von Wortbau-
steinen 127

7 Worttrennung

7.1 Silbentrennung

5–6 Worttrennung am Zeilenende 130

5–6 Zusammengesetzte Wörter 131

7.2 Fremdwörter

7–8 Silbentrennung 135

8 Zeichensetzung

8.1 Satzschlusszeichen

5 Punkt, Frage- und Ausrufe-
zeichen 136

8.2 Komma bei Aufzählungen

5–6 Aufzählungen mit und ohne
Konjunktionen 139

8.3 Komma zwischen Sätzen

5–6 Satzreihe und Satzgefüge 143

5–6 Kommasetzung bei Konjunk-
tionen 144

6–7 Relativsatz 145

7–8 Infinitivgruppen 147

8 Partizipgruppen 148

**8.4 Zusätze, Nachträge,
Anreden und Ausrufe**

7–8 Zusätze und Nachträge 151

7–8 Anreden und Ausrufe 153

**8.5 Wörtliche und
indirekte Rede**

5–6 Zeichensetzung bei wörtlicher
Rede 154

5–6 Satzschlusszeichen bei wörtlicher
Rede 155

6–7 Zeichensetzung bei indirekter
Rede 157

8.6 Weitere Satzzeichen

8 Doppelpunkt und Klammer 158

8 Gedankenstrich 159

8 Semikolon 160

Empfohlen für: 5 = 5. Klasse   6 = 6. Klasse   7 = 7. Klasse   8 = ab 8. Klasse

5–6 = 5.– 6. Klasse usw.

INHALT

4

Clevere Rechtschreibtipps

1 **Rechtschreiben üben –
aber wie?** 161
1.1 Die Lernbedingungen 161
1.2 Die Lernkanäle 162
1.3 Der Lernstoff 163

2 **Eine gute Basis** 164
2.1 Von Lauten und Buchstaben 164
2.2 Von Längen und Fachbegriffen 165

3 **Eine gute Strategie** 166
3.1 Das Zerlegen 166
3.2 Der Wortstamm 167
3.3 Das Ableiten 167
3.4 Das Verlängern 168

4 **Eine gute Kontrolle** 169

5 **Eine gute Lernmethode** 169

Lösungen

1 Groß- und Kleinschreibung 171
2 Getrennt- und Zusammen-
schreibung 175
3 Dehnung und Schärfung 178
4 Der s-Laut 180
5 Gleich und ähnlich klingende
Laute 183

6 Fremdwörter 185
7 Worttrennung 186
8 Zeichensetzung 187

Register 192

INHALT

Liebe Schülerin, lieber Schüler!

Rechtschreibung und Zeichensetzung bereiten dir Schwierigkeiten? Mach dir nichts draus, denn richtig schreiben kann man lernen. Mit diesem Buch machst du den ersten Schritt.

Der Schwerpunkt dieses Bandes ist das Üben – mehr als 222 abwechslungsreiche Aufgaben ermöglichen es dir, dich auf die Klassenarbeit vorzubereiten und Rechtschreibung und Zeichensetzung zu trainieren. Dabei kannst du diejenigen Themen, die dir besonders schwerfallen, ganz gezielt angehen.

Infokästen

In den Kästen, die den einzelnen Kapiteln und Unterkapiteln vorangestellt sind, findest du zusätzliche Regeln und Merksätze. Sie liefern den Stoff, den du aus der Schule kennst, in kleinen Portionen zum Auffrischen und Wiederholen. Oft gibt es hier wertvolle Tipps, Merkhilfen und selbstverständlich Beispiele. Danach kannst du den Stoff aus den Infokästen anhand der nachfolgenden Aufgaben üben.

Merke dir: Es ist nicht wichtig, dass du die Regeln auswendig lernst, sondern dass du sie anwendest und durch **Übung** zum Meister wirst!

Viele der Aufgaben kannst du direkt im Buch lösen, für die anderen legst du dir am besten ein Übungsheft an. Damit du dich bei den Übungen leichter zurechtfindest, stehen in der Randspalte die Klassenstufen, für die die Aufgaben geeignet sind. Dies ist aber nur eine grobe Einordnung zur Orientierung. Nicht jeder Lehrer unterrichtet gleich und oft werden in späteren Jahrgängen Themen wiederholt. Deshalb spricht überhaupt nichts dagegen, dass du ebenfalls Aufgaben der anderen Klassen übst.

Wenn du vor dem Üben noch einmal Grundsätzliches zum Thema Rechtschreibung nachlesen möchtest, schau dir zunächst das Kapitel „Clevere Rechtschreibtipps" (↑ S. 161) an.

Die ausführlichen **Lösungen** zu den Übungen findest du am Ende des Buches. Auf der letzten Seite kannst du mithilfe des **Registers** nach einzelnen Stichwörtern suchen.

Viel Spaß beim Trainieren! Und beim Besserwerden!

Groß- und Kleinschreibung

1.1 Grundsätzliches

Substantive, Satzanfänge, Überschriften und Titel

- **Substantive** (Nomen) werden **großgeschrieben.** Man erkennt sie daran, dass sie einen Artikel bei sich haben oder man einen Artikel voranstellen könnte: *das Spiel – ein Spiel.* Bei Wörtern mit den Nachsilben *-ung, -heit, -keit, -nis, -schaft, -ling, -tum* oder *-sal* handelt es sich stets um Substantive: *die Umleitung, der Reichtum.*
- Das **erste Wort** eines Satzes schreibt man **groß.** Dies gilt auch für das erste Wort eines selbstständigen Satzes nach einem **Doppelpunkt** und das erste Wort einer **wörtlichen Rede:** *Du wirst es nicht glauben: Wir haben tatsächlich gewonnen! Er sagte: „So, das haben wir geschafft!"*
- Das erste Wort einer **Überschrift** oder eines **Titels** schreibt man **groß:** *Mein Traumhaus*
  Das Buch „In 80 Tagen um die Welt" ist toll.

---

1   Bilde aus den Verben und Adjektiven Substantive, indem du eine passende Nachsilbe verwendest. Schreibe die Substantive mit Artikel auf.

a) bewegen: _____

b) bedürfen: _____

c) erben: _____

d) klug: _____

e) finster: _____

f) sachlich: _____

g) rinnen: _____

h) geheim: _____

5. KLASSE

2 Welche Wörter aus Übung 1 passen in die Sätze? Setze sie ein.

a) Mach mal das Licht an. In dieser _____ kann man

nichts sehen.

b) Werde jetzt bitte nicht persönlich. Hier ist _____

gefragt!

c) Sage es bitte auf keinen Fall weiter, es ist unser _____.

d) Es ist mir ein _____, Ihnen zu diesem Anlass etwas

zu schenken.

3 Finde in dem Gitterrätsel senkrecht, waagerecht und diagonal neun Substantive und umkreise sie. Schreibe sie dann mit dem bestimmten Artikel auf.

B	H	M	V	D	K	D	E	K
Z	A	I	C	L	I	N	B	L
I	U	L	Ä	Ö	R	P	E	K
M	S	C	H	Ü	S	S	E	L
M	B	H	G	G	C	X	R	P
E	P	L	G	Y	H	M	E	W
R	H	R	O	H	E	V	N	D
Q	U	U	K	C	N	A	N	L
B	W	E	I	N	K	U	W	W

_____

_____

_____

_____

4 Setze die Wortbestandteile so mit den Endungen zusammen, dass sich die gesuchten Substantive ergeben. Schreibe sie mit ihrem Artikel auf.

-tum -heit -schaft -nis -keit -ung	eitel – tapfer – meister – ehrlich – munter – reich – blind – geheim – frech – fahnd – versäum – christen – eigen – bild – entscheid – herr – faul

a) Lernen und Wissen: _____

b) grobe Unhöflichkeit: _____

c) nicht sehen können: _____

d) Nichtstun: _____

e) über andere verfügen, regieren: _____

f) etwas sehr gut können: _____

g) eine Religion: _____

h) viel Geld: _____

i) lebendig, wach sein: _____

j) großer Mut: _____

k) sich selbst schön finden: _____

l) zu etwas Ja oder Nein sagen: _____

m) etwas verschweigen: _____

n) der Besitz an etwas: _____

o) die Wahrheit sagen: _____

p) etwas nicht erledigen: _____

q) Verbrechersuche: _____

5 Unterstreiche in dem Text alle Wörter, die du großschreiben musst. Schreibe dann alle Substantive mit dem bestimmten Artikel im Nominativ Singular auf. Wenn ein Substantiv mehrmals vorkommt, nennst du es nur einmal.

EINE MENGE HAIE

SCHWAMMEN IN DER REIHE

KREUZ UND QUER DURCHS MEER.

DA KAM EIN WAL DAHER,

SEIN ZAHN, DER SCHMERZTE SEHR:

„ACH BITTE, LIEBE HAIE,

IN EURER LANGEN REIHE,

HELFT MIR MEIN SCHICKSAL TRAGEN,

SONST GEHTS EUCH AN DEN KRAGEN.

SO FURCHTBAR IST MEIN SCHMERZ,

ER BRICHT MIR FAST DAS HERZ."

VOLL MITLEID KAM EIN HAI

MIT MEDIZIN VORBEI.

„HIER MUSS MAN ETWAS TUN,

SONST KANNST DU NIE MEHR RUH'N."

ES SCHLUCKT DIE MEDIZIN DER WAL

UND DAMIT ENDET SEINE QUAL.

_____

_____

_____

_____

6   Schreibe die Sätze richtig auf.

a) Dann stellte sich heraus: DER HUND HATTE DIE WÜRSTCHEN.

_____

b) Ich könnte dir anbieten: FRISCHEN ORANGENSAFT, MINERALWASSER

ODER LIMONADE. _____

_____

c) Er rief sie alle zu sich: DIE SCHÜLER UND DIE LEHRER.

_____

7   Schreibe die fehlenden Titel aus dem Wortspeicher in der richtigen Schreibweise in den passenden Satz. Setze auch die Anführungszeichen.

> die chemie des todes – die räuber – der junge im gestreiften pyjama –
> mit schirm, charme und melone – bauch und kopf

a) Soeben habe ich das Buch _____

zu Ende gelesen.

b) Schillers Theaterstück _____ ist wirklich sehr

beeindruckend.

c) Der Krimi _____ von Simon

Beckett ist eines der besten Bücher, die ich je gelesen habe.

d) In dem Filmklassiker _____ sind

die Agentin Emma Peel und der Agent John Steed ein unschlagbares

Team.

e) Ein Lied von Mark Forster heißt _____.

Zusammengesetzte Substantive

Auch zusammengesetzte Substantive (Nomen) werden großgeschrieben. Der Artikel richtet sich dann nach dem zweiten Wortteil, dem Grundwort:

- Substantiv + Substantiv: *das Feuer + die Treppe = die Feuertreppe*
- Verb + Substantiv: *lesen + die Lampe = die Leselampe*
- Adjektiv + Substantiv: *schwarz + das Brot = das Schwarzbrot*

8 Bilde mit den Verben und Adjektiven aus dem Wortspeicher und den passenden Substantiven jeweils ein zusammengesetztes Substantiv und schreibe es mit Artikel auf. Notiere anschließend eigene Zusammensetzungen, indem du das Grundwort (Substantiv) austauschst.

baden – blau – hoch – hüpfen – malen – rot – rühren – sauer – süß – weiß

Beeren – Block – Burg – Haus – Kirschen – Milch – Schüssel – Wein – Wurst – Zimmer

_____ _____

_____ _____

_____ _____

_____ _____

_____ _____

Eigene Zusammensetzungen:

_____ _____

_____ _____

_____ _____

_____ _____

①

Angst, Bange, Leid, Recht, Unrecht, Schuld

Bei den Wörtern *Angst, Bange, Leid, Recht, Unrecht, Schuld* musst du dir die Schreibweise besonders gut einprägen:

- In Verbindung mit den Verben **sein** und **werden** schreibt man sie **klein:** *Mir ist **a**ngst und **b**ange. Ich bin deine Vorwürfe **l**eid. Das ist mir **r**echt. Ich weiß, dass ich **s**chuld bin.*
- In Verbindung mit anderen Verben treten sie als Substantive auf und man schreibt sie **groß:** *Mach mir doch keine **A**ngst! Du brauchst keine **B**ange haben, es wird alles gut. Ich habe ein **R**echt darauf. Gib nicht immer mir die **S**chuld!*
- Das zusammengesetzte Verb *leidtun* ist trennbar, deshalb wird *leid* in Verbindung mit *tun* kleingeschrieben: *Du tust mir **l**eid.*

---

9   **Trage die Wörter in der richtigen Schreibweise in die Lücken ein.**

a) Angst oder angst?

Obwohl ich im Dunkeln _____ habe,

zwinge ich mich, abends noch aus dem

Haus zu gehen.

Man muss seine _____ besiegen!

Doch heute ist mir wirklich _____, ich

habe ein ungutes Gefühl.

b) Recht oder recht?

Es ist mir sogar sehr _____,

dass du _____ hast.

Er ist Richter, er spricht _____.

c) Leid oder leid?

Ich bin es _____, immer nach deiner Pfeife zu tanzen.

Tut es dir wenigstens _____?

Ich kann dieses _____ nicht mit ansehen.

6. – 7. KLASSE

1.2 Substantivierungen

Substantivierte Verben

Wörter, die als Substantive (Nomen) gebraucht werden, schreibt man
groß – auch dann, wenn sie ursprünglich einer anderen Wortart angehören.
Man nennt dies Substantivierung (Nominalisierung). Die meisten Wortarten
können substantiviert werden.

Der Infinitiv eines Verbs kann als Substantiv gebraucht werden. Häufig ist
dann ein Artikel oder eine mit dem Artikel verschmolzene Präposition voran-
gestellt. **Substantivierte Verben** können auch nach einem Adjektiv stehen.
(Das Adjektiv wird dann kleingeschrieben.)
*Das **L**ernen soll Spaß machen. Vom **L**aufen bekomme ich immer Hunger.*
*Das lange **W**arten hatte ein Ende.*

10 Groß oder klein? Unterscheide zwischen dem Infinitiv des Verbs und einer Substantivierung. Ergänze den fehlenden Anfangsbuchstaben.

a) Leider kam mein Vater zu spät zum *E*ssen.

Deshalb begannen wir schon vor ihm zu *e*ssen.

b) Vergeblich versuchten wir zu *s*tricken.

Zum *S*tricken haben wir einfach kein Talent.

c) Das *L*esen fällt vielen Kindern zunächst schwer,

doch Laura begann sofort zu *l*esen.

d) Es ist Kindern verboten, auf der Baustelle zu *s*pielen.

Zum *S*pielen ist es dort zu gefährlich.

e) Beim Konzert hörten die weiblichen Fans nicht auf zu *s*chreien.

Vom *S*chreien waren sie bald heiser.

f) Gestern kam ich zu spät zum *T*urnen.

Die anderen hatten schon begonnen zu *t*urnen.

11   Substantiviere jeweils das Verb und forme die Sätze entsprechend um.

a) Ich darf im Unterricht nicht dazwischenrufen.

Das _Dazwischenrufen im Unterricht_ ist verboten.

b) Wir dürfen beim Pausenverkauf nicht drängeln.

Das _Drängeln beim Pausenverk..._ ist nicht

erlaubt.

c) Die Turnhalle darf nicht ohne Lehrer betreten werden.

Das _Betreten der Turnhalle ohne Lehrer_ ist nicht

gestattet.

12   Groß oder klein? Markiere zuerst den Artikel (wenn vorhanden) und kreise das richtige Wort ein.

a) Während des arbeitens / Arbeitens sollte man sich nicht ablenken /

Ablenken lassen.

b) Ich bin hier, um euch zu helfen / Helfen.

c) Vor dem schwimmen / Schwimmen soll man nichts essen / Essen.

d) Zum lernen / Lernen hat es mir leider nicht mehr gereicht!

e) Ich hatte keine Zeit mehr zu lernen / Lernen.

f) Nach dem säubern / Säubern des Teichs werden wir noch den Rasen

mähen / Mähen.

g) Du kannst uns gerne helfen / Helfen!

h) Am Wochenende werden wir wandern / Wandern.

i) Kommst du mit zum wandern / Wandern?

13 Groß oder klein? Wähle für jeden Absatz das passende Verb und setze es richtig in die Lücken ein.

vorstellen

einatmen

abschreiben

tätowieren

Rock ist angesagt!

Die Band „Hard & Busy" _____ am Samstag der

begeisterten Menge in der Arena ihre neue Show _____.

Für das Programm waren zwei Stunden geplant, tatsächlich dauerte

das _____ fast drei Stunden.

Rauchen macht auch Nichtraucher krank!

Forschungen bestätigen schon seit Langem, dass das_____

von Zigarettenrauch auch Nichtraucher auf Dauer schädigt. Auch wenn

ein Mensch nicht selbst raucht, _____ er den blauen

Dunst mehrmals täglich _____. Dies gleicht einem

Eigenkonsum von ein bis drei Zigaretten.

Bunte Bildchen schon im Kindesalter?

Tatoos und Piercings werden auch bei Jüngeren immer beliebter. Doch

das Gesundheitsamt warnt: Das _____ schadet

gerade Kinderhaut dauerhaft. Doch bereits jeder vierte Jugendliche ist

nach Aussagen des Amtes _____ oder trägt ein Piercing.

Substantivierte Adjektive

Adjektive können ebenfalls als Substantiv gebraucht werden. Oft geht dem **substantivierten Adjektiv** ein Artikel voraus. Adjektive werden immer dann zu Substantiven, wenn sie nach **unbestimmten Mengenangaben** stehen wie *allerlei, alles, etwas, genug, nichts, viel, wenig.*
*Der **K**lügere gibt nach. Es erwartete sie viel **N**eues.*

Unterscheide zwischen echter und scheinbarer Substantivierung:
- Adjektive, die sich auf ein Substantiv beziehen, das an einer anderen Stelle im Satz steht, sind nicht substantiviert und werden kleingeschrieben: *Teure Uhren halten oft länger als **b**illige (Uhren).*
- Auch Verbindungen mit *am* und einem Superlativ werden kleingeschrieben: *Diese hielt am **l**ängsten.*

14 Wähle für jedes Adjektiv ein geeignetes Substantiv. Schreibe beides zusammen und mit dem Artikel auf.

fleißig	Urlaub	_____
kostspielig	Arbeit	_____
mühsam	Schüler	_____

15 Substantiviere nun die Adjektive aus der vorangehenden Übung und bilde damit jeweils einen kurzen Satz.

_____

_____

_____

5.–6. KLASSE

16 **Groß oder klein? Kreise jeweils die richtige Schreibung ein.**

a) Die blauen / Blauen Schuhe kosten mehr als die roten / Roten.

b) Ich hoffe, die blauen / Blauen gewinnen heute!

c) Ich finde das alte / Alte schöner als das neue / Neue Kleid.

d) Alles alte / Alte muss raus!

e) Manchmal sind die kleinen / Kleinen Hunde bissiger als

die großen / Großen.

17 **Markiere jeweils die Mengenangabe im Satz. Setze dann das Adjektiv in der Klammer in substantivierter Form in die Lücke ein.**

a) Ich werde uns etwas _____ kochen. (gut)

b) Alles _____ ist aus meinem Leben verschwunden.

(schön)

c) Leider habe ich nichts _____ zu berichten. (neu)

d) Heute habe ich bereits zu viel _____ gehört.

(unwahr)

e) Dieses Geschäft ist nichts für mich. Hier gibt es wenig

_____. (günstig)

f) Als Kriegsreporter habe ich bereits genügend _____

auf der Welt gesehen. (furchtbar)

g) Das Kleid ist mir zu bunt. Ich würde mir gerne etwas

_____ kaufen. (weiß) – Du hast doch schon allerlei

_____ im Schrank. (einfarbig) – Nimm doch

einmal etwas _____! (bunt)

18 Im folgenden Text sind viele substantivierte Adjektive versteckt. Unterstreiche die unbestimmten Zahlen- und Mengenangaben rot und alle Substantive sowie die Satzanfänge grün. Schreibe dann den Text in richtiger Groß- und Kleinschreibung in dein Übungsheft.

BÜCHER, SO FINDET KALLE, SIND ETWAS GANZ BESONDERES. SIE
SIND WIE KLEINE, KOSTBARE SCHÄTZE. VIEL SPANNENDES ODER
INTERESSANTES DARIN KANN REGNERISCHE NACHMITTAGE ZU ETWAS
WUNDERBAREM WERDEN LASSEN. NUR MANCHE SCHMÖKER ENTHALTEN
WENIG ABWECHSLUNGSREICHES UND NICHTS UNTERHALTSAMES.
SCHNELL LEGT KALLE DIESE WÄLZER WIEDER ZUR SEITE. BESONDEREN
GEFALLEN HAT ER AN ETWAS LUSTIGEM, WIE BEISPIELSWEISE EINER
LAUSBUBENGESCHICHTE, ODER AN ALLEM AUFREGENDEN, WIE ZUM
BEISPIEL EINEM KRIMI ODER EINER ABENTEUERGESCHICHTE. IN KALLES
BÜCHERREGAL STEHT ZWAR VIEL ANGESTAUBTES, ABER MANCHE
BÜCHER BEWAHRT ER WIE ETWAS KOSTBARES IN EINER MIT SAMT
AUSGESCHLAGENEN TRUHE AUF – EINER RICHTIGEN SCHATZKISTE EBEN.

5. – 6. KLASSE

19 Forme die Sätze um: Setze für die unterstrichenen Wendungen substantivierte Adjektive oder Verben ein.

a) Auf der Klassenfahrt haben wir manches erlebt, <u>was besonders aufregend war</u>.

_____

_____

b) Aber das, <u>was am besten war</u>, war die Nachtwanderung im Schnee.

_____

_____

c) Da gab es in unserer Klasse einige, <u>die sehr ängstlich waren</u>.

_____

_____

d) Sie glaubten, dass etwas passieren würde, <u>was unheimlich ist</u>.

_____

_____

e) <u>Dass wir so ausdauernd</u> durch die kalte Nacht <u>gewandert sind</u>, war für einige von uns ziemlich ermüdend.

_____

_____

f) Umso mehr freuten wir uns <u>darauf, dass wir</u> am nächsten Morgen <u>ausschlafen konnten</u>.

_____

_____

20   Finde die unbestimmten Mengenangaben heraus, indem du unnötige Buchstaben weglässt. Füge sie mit dem substantivierten Adjektiv in die Lücke ein.

a) wertswkaks + wertvoll:

Wir haben _____ gefunden.

b) ymbaynzcwhcens + neu:

Ich konnte heute _____ erfahren.

c) avyimeol + erstaunlich:

Wir werden sicher _____ sehen.

21   Setze die passenden Wörter in substantivierter Form in die Lücken ein.

> wenden – einzig – ungewöhnlich – bremsen –
> glücklich – skaten – schön – üben

Seit Charlotte neue Inliner hat, zählt sie zu den _____

dieser Welt. Etwas _____, als über den Rollhockeyplatz

zu fahren, kann sie sich beileibe nicht vorstellen, denn beim

_____ vergisst sie allen Ärger und Streit und kann

sich richtig austoben. Zwar fällt ihr das _____ noch etwas

schwer, aber im _____ ist sie sehr sicher. Darum ist sie auch

als _____ ihrer Klasse in die Rollhockeymannschaft der

Schule aufgenommen worden. Jetzt ist es nichts _____,

dass Charlotte gleich nach dem Essen ihre Hausaufgaben erledigt, denn

dann kann sie schnell zum _____ auf das Rollhockeyfeld.

Substantivierung anderer Wortarten

Nicht nur Verben und Adjektive können als Substantiv gebraucht werden, sondern auch Wörter anderer Wortarten, zum Beispiel:

- Partizipien: *etwas **Gesticktes.***
- Pronomen: *jemandem das **Du** anbieten.*
- Adverbien: *als ob es kein **M**orgen gäbe.*
- Präpositionen: *das **F**ür und **W**ider beachten.*
- Konjunktionen: *kein **Aber** mehr dulden.*
- Zahlwörter: *eine **Sechs** würfeln.*

22 Substantiviere die Partizipien und Präpositionen und setze sie richtig ein.

a) gekocht: Etwas _____ wäre mir jetzt recht.

b) auf / ab: Das _____ und _____ kann ich nicht mehr ertragen.

c) aus: Der Spieler war eindeutig im _____.

d) weinend: Die Skulptur stellt eine _____ dar.

23 Bestimme, welche Wortart hier substantivisch gebraucht ist.

a) das Lesen → _____

b) alles Gute → _____

c) das Geschriebene → _____

d) jedem das Seine → _____

e) das Für und Wider → _____

f) das Lob der Vielen → _____

24 Viele Redensarten enthalten Substantivierungen. Vervollständige die Redensarten, indem du das passende Wort aus dem Wortspeicher substantivierst.

beste – entschieden – ganz – gut – klar – schwarz – rein – trocken

a) Ins _____ treffen.

b) Etwas zum _____ geben.

c) Seine Schäfchen ins _____ bringen.

d) Aufs _____ widersprechen.

e) Sich über etwas im _____ sein.

f) Alles ins _____ bringen.

g) Nur das _____ sehen.

h) Im _____ gesehen.

25 Kann man sich ein fehlendes Substantiv hinzudenken? Setze es, falls möglich, in die Klammern ein und entscheide dann, ob das Adjektiv groß- oder kleingeschrieben wird.

a) Mir ist ein strenger Lehrer lieber als ein __utmütiger (_____).

b) Ich esse lieber ein weiches Ei als ein __artes (_____).

c) Ich bin der __este (_____).

d) Der klügste Schüler ist nicht immer auch der __este (_____).

e) Der __leißige (_____) wird mit Erfolg belohnt.

f) Die großen Fische fressen meistens die __leinen (_____).

26 **Groß oder klein? Schreibe die Sätze richtig auf.**

a) Willst du einen KURZEN ODER LANGEN Rock?

_____

b) Es besteht ein reges KOMMEN UND GEHEN.

_____

c) In deinem Zimmer herrscht wieder ein DRUNTER UND DRÜBER.

_____

_____

27 **Groß oder klein? Kreise das richtige Wort ein.**

a) Willst du lieber das süße / Süße Parfum oder das herbe / Herbe?

b) Wie konntest du das laute Klingeln / Laute klingeln überhören?

c) Sofort ertönte ein lautes hurra / Hurra.

d) Für eine eins / Eins im Zeugnis reicht dein mitarbeiten / Mitarbeiten

leider nicht.

e) Ich verstehe dein aber / Aber, doch

es hilft uns nicht weiter.

28 Groß- oder Kleinschreibung? Schreibe die Sätze in der richtigen Schreibweise vollständig auf.

a) Ich habe in der Klassenarbeit eine Z / zwei geschrieben.

_____

_____

b) Das J / ja, das euch euer Lehrer zur Klassenfahrt gegeben hat, gilt weiterhin.

_____

_____

c) Das W / wie haben wir nun geklärt, über das O / ob müssen wir noch verhandeln.

_____

_____

d) Dieser Hund ist ein E / er, keine S / sie.

_____

_____

e) Das Leben ab F / fünfzig ist heute wesentlich aktiver als früher.

_____

_____

f) Im N / nachhinein sieht V / vieles anders aus.

_____

_____

g) Ostfriesen trinken täglich mindestens D / drei Tassen Tee.

_____

_____

7.–8. KLASSE

1.3 Zeitangaben, Zahlen und Mengen

> **Zeitangaben und Zahlen**
>
> - Zeitangaben schreibt man groß, wenn sie **Substantive** (Nomen) sind. Man erkennt sie an einem Artikel, einem Pronomen oder einer Präposition: *der Abend, am Nachmittag, eines Tages.*
> - Zeitangaben wie *vorgestern, gestern, heute, morgen* und *übermorgen* sind **Adverbien** und werden kleingeschrieben. Dasselbe gilt für Adverbien, die auf -s enden: *mittags, samstags.*
>   **Achtung:** Sie dürfen nicht mit dem Genitiv der Substantive verwechselt werden: *nur morgens – im Laufe des Morgens.*
>   Tageszeiten-Substantive nach diesen Adverbien werden großgeschrieben: *heute Mittag.*
> - **Zahlwörter** werden normalerweise kleingeschrieben, das Gleiche gilt für die Angabe der **Uhrzeit** mit *halb.* Achtung bei dem Gebrauch von *viertel:* Wenn es als Substantiv gebraucht wird, schreibt man es groß: *gegen drei, um halb fünf, es ist (ein) Viertel vor eins.*
> - Werden **Zahlwörter** als Substantive gebraucht, schreibt man sie groß: *Ich habe eine Eins geschrieben.*

29   Setze aus den Buchstaben die Zeitangaben zusammen und schreibe sie in der richtigen Schreibweise in die Lücke.

a) GEORNM

Am nächsten _____ wachte sie spät auf.

b) RSEGENT

Ich dachte _____, wir seien Freunde.

c) GCHTNAIMAT

Das Treffen findet morgen _____ statt.

d) BSNAED

Eines _____ klingelte es an der Tür.

30 Groß oder klein? Setze den fehlenden Anfangsbuchstaben ein und begründe deine Entscheidung stichwortartig.

a) Das Buch habe ich __eute zu Ende gelesen.

Begründung: _____

b) Das Buch kann ich dir __orgen __bend geben.

Begründung: _____

c) __ittags werde ich immer müde.

Begründung: _____

d) Immer werde ich __ittags müde.

Begründung: _____

e) Am __ienstagnachmittag gehen wir ins Kino.

Begründung: _____

31 Groß oder klein? Streiche die falsche Schreibung durch.

H / heute M / morgen um A / acht fuhr ich zur Schule, wie jeden T / tag.

Normalerweise habe ich am M / mittwoch immer schlechte Laune, weil

wir M / mittwochs bis um Z / zwei Unterricht haben. Doch an diesem

M / morgen nicht, da ich ständig an den G / gestrigen A / abend denken

musste. G / gestern habe ich nämlich das entscheidende Tor geschossen!

Nun bin ich gespannt, wie ich N / nachher in der Schule begrüßt werde.

Ich denke, meine Mitschüler werden jubeln und mich die N / nächsten

W / wochen wie einen Star behandeln. Oder vielleicht sogar die

N / nächsten M / monate? Der M / mittwoch wird mein Lieblingstag!

Unbestimmte Zahladjektive

- Unbestimmte Zahladjektive werden nur dann großgeschrieben, wenn sie substantiviert sind: *Du bist der Einzige, dem ich glaube.*
- Die Zahladjektive *viel, wenig, ein, andere* werden in der Regel kleingeschrieben: *Für viele war es der erste Sieg.*
- Ebenfalls kleingeschrieben werden *manche, jede, beide, einige:* *Die beiden kamen leider zu spät.*
- Die Wörter *hundert, tausend, Dutzend* können groß- oder kleingeschrieben werden, wenn sie eine unbestimmte Menge bezeichnen: *Es waren Hunderte / hunderte von Menschen da.*

32 Groß oder klein? Setze den richtigen Anfangsbuchstaben ein.

a) Bei dem Fest waren __anche bunt angezogen.

b) Ich war der __inzige, der alles verstanden hatte.

c) Von __ausenden würden __wei __rittel den Vorstand wieder wählen.

d) __echs __chtel Liter Wasser sind ebenso viel wie __rei __iertel Liter.

e) Im Diktat bekam sie eine __ins.

f) Meine Schwester kommt gegen __ünf mit dem Zug an.

g) Leider können nur __enige mitkommen.

h) Alle __nderen bleiben zu Hause.

i) Für __iele war es ein großer Schock.

j) Wir werden __eide sehr traurig sein.

k) Jetzt hat er schon wieder eine __echs gewürfelt.

l) Im Sportunterricht bin ich beim Laufen __rste geworden.

33 Groß oder klein? Kreise jeweils die richtige Schreibung ein.

gestern / Gestern nachmittag / Nachmittag wollten wir Rummy spielen.

Gute Freunde hatten uns das Spiel – es hatte statt Spielkarten nummerierte

Holzteilchen – aus ihrem / Ihrem Urlaub in Schweden mitgebracht – mit

Spielanleitung auf schwedisch / Schwedisch natürlich. Ich gab acht / Acht,

dass mir beim öffnen / Öffnen des abnehmbaren Deckels nichts / Nichts

herausfiel. Dann stürzte ich den Kasten ohne zögern / Zögern kopfüber /

Kopfüber auf den Tisch. Mit einem lauten krachen / Krachen ergossen

sich die Holzteilchen über die ganze / Ganze Fläche. Die meisten / Meis-

ten lagen mit der Zahl nach unten, während ein paar / Paar uns in kräf-

tigem rot / Rot oder gelb / Gelb entgegenleuchteten, dazwischen auch

etliche blaue / Blaue Ziffern. Zehn fleißige Hände drehten sie um. „Es

bekommt jeder / Jeder nur zwölf / Zwölf!", erinnerte ich meine Schwester,

die gerade lauthals / Lauthals bis dreizehn / Dreizehn zählte. Nachdem

anfangs / Anfangs über das aufnehmen / Aufnehmen und ablegen /

Ablegen, später übers anlegen / Anlegen und aussetzen / Aussetzen

heftig diskutiert und noch keine runde / Runde gespielt worden war,

beschlossen wir am frühen abend / Abend einmütig, dass wir alle / Alle

am besten / Besten noch etwas sinnvolles / Sinnvolles „für die Schule"

tun sollten.

7.–8. KLASSE

1.4 Farb- und Sprachbezeichnungen

> **Adjektiv oder Substantiv?**
>
> **Farb- und Sprachbezeichnungen** können sowohl Adjektive als auch Substantive (Nomen) sein:
> - Als Adjektive kann man sie in der Regel mit *Wie?* erfragen und schreibt sie klein: *die **b**londen Haare, das **f**ranzösische Buch.*
> - Als Substantive kann man sie mit *Was?* erfragen und schreibt sie groß: *das **B**lond ihrer Haare, **F**ranzösisch lernen.*
> - Manchmal sind beide Fragen denkbar, dann kann man klein- oder großschreiben: *Sie spricht **f**ranzösisch (wie?) / **F**ranzösisch (was?).*
> - Wenn sie mit einer Präposition stehen, sind sie Substantive und werden immer großgeschrieben: *Das Buch ist **auf** Französisch geschrieben.*

34 Setze die fehlenden Buchstaben richtig ein.

a) Dein _____nglisch ist sehr gut geworden.

b) In _____panisch habe ich noch etwas Schwierigkeiten.

c) Was heißt „Guten Morgen" auf _____riechisch?

d) In meiner Klasse spricht niemand _____ürkisch.

35 Ella und Marie gehen einkaufen. Füge die Farbbezeichnungen richtig ein.

Ella: „Das HELLGRÜN _____ des Pullovers wird dir sicher

gut stehen." – Marie: „Ja? Eigentlich gefällt mir der DUNKELGRÜNE

_____ Pullover besser. Meinst du, die Farbe passt

zum SCHWARZ _____ meiner Haare? –

Ella: „Natürlich, zu SCHWARZEN _____ Haaren

passt eigentlich jede Farbe. Ich glaube, ich nehme die ROTEN

_____ Stiefeletten. Wie findest du sie?"

1.5 Eigennamen und feste Begriffe

Eigennamen und feste Begriffe

Eigennamen und **feste Begriffe** werden **großgeschrieben.** Hierzu zählen:

- Titel-, Ehren- und Amtsbezeichnungen: *der Erste Vorsitzende, der Heilige Vater.*
- Geografische Namen: *der Pazifische Ozean.*
- Wörter, die von **geografischen** Namen abgeleitet werden und auf *-er* enden: *das Ulmer Münster.*
- Historische Namen und Ereignisse: *der Erste Weltkrieg.*
- Besondere Kalendertage: *der Weiße Sonntag.*
- Institutionen und Einrichtungen: *das Statistische Bundesamt.*
- Bezeichnungen von Arten und Rassen in der Biologie: *die Schwarze Witwe.*

Achtung: Herkunftsbezeichnungen auf *-isch* werden kleingeschrieben, wenn sie nicht fester Bestandteil eines Namens sind: *das italienische Lied.*

36 Verschiedene Eigennamen und feste Begriffe wurden in Spiegelschrift und dazu noch kleingeschrieben. Entziffere sie und schreibe sie mit Artikel auf.

a) ettolf eßiew _____

b) attigirb egilieh _____

c) naezo ellits _____

d) dneba egilieh _____

e) geirktlew etiewz _____

f) rotkerid ehcsinhcet _____

g) tnematset euen _____

h) tenalp eualb _____

i) agilsednub etsre _____

j) geirk etlak _____

37 Kennst du dich aus? Gesucht sind geografische Bezeichnungen auf *-er* (leckere Speisen). Wenn du alles richtig hast, dann erhältst du eine Spezialität aus Rheinland-Pfalz. Es gilt: gleiche Zahl = gleicher Buchstabe.

1	2	3	4	5	6	7	8	9	10	11	12	13	14	15	16	17	18	19	20	21	22	23

a) Süßes Produkt aus einem asiatischen / europäischen Land:

— — — — — — — — — — — — — — —
1 2 3 4 5 6 7 8 9 3 8 10 11 5 12

b) Eine Sahnetorte:

— — — — — — — — — — — —
6 7 8 13 14 3 15 13 16 17 18 9 3

— — — — — — — — — —
4 5 3 6 7 8 1 10 3 1 9

c) Gibt es zur Weihnachtszeit:

— — — — — — — — — — — — — — — — — — —
11 2 3 11 19 9 3 12 9 3 17 9 19 4 20 7 8 9 11

d) Fischsuppe aus Norddeutschland:

— — — — — — — — — — — — — — — — —
8 14 21 19 20 3 12 9 3 14 14 17 6 20 22 22 9

e) Dünnes, paniertes und gebackenes Fleischstück:

— — — — — — — — — — — — — —
13 5 9 11 9 3 6 7 8 11 5 1 15 9 17

f) Spezialität aus Fleischbällchen in weißer Soße und Kapern:

— — — — — — — — — — — — — — — — —
4 23 11 5 12 6 19 9 3 12 9 3 4 17 10 22 6 9

Lösung: _ _ F _ _ _ _ _ _ _ _ _ _ _ _ _ _ _
22   16 17 15 9 3   6 14 20 21 14 12 9 11

38 Schreibe die Lösungswörter aus der vorangehenden Übung nochmals in der richtigen Schreibweise mit Artikel auf.

a) _____

b) _____

c) _____

d) _____

e) _____

f) _____

39 Wie lautet der erste Bestandteil auf *-er*? Wähle den passenden geografischen Namen aus dem Wortspeicher und setze ihn richtig ein.

> München – Frankfurt – Schweiz – Wien – Bremen –
> Brandenburg – Thüringen – Berlin – Ulm

a) die _____ Börse

b) das _____ Kaffeehaus

c) der _____ Reichstag

d) die _____ Bratwurst

e) das _____ Oktoberfest

f) die _____ Schokolade

g) das _____ Tor

h) das _____ Münster

i) die _____ Stadtmusikanten

5.–7. KLASSE

40 Unterstreiche alle Buchstaben farbig, die großgeschrieben werden müssen.
Schreibe dann den Text richtig darunter.

gutes aus europa

der schweizer käse schmeckt mir am besten, obwohl der holländische

gouda auch nicht zu verachten ist. belgische pralinen mag ich gerne,

doch auch die engländer können gute süßwaren herstellen. das bier in

düsseldorf, das düsseldorfer alt, ist ebenso bekannt wie der italienische

wein. doch auch die franzosen haben guten wein, vor allem aber sind die

französischen croissants ein genuss.

_____

_____

_____

_____

_____

_____

_____

_____

_____

_____

41 Entscheide, ob man groß- oder kleinschreibt. Schreibe die Wörter in der richtigen Schreibweise auf.

a) Als B / brüllende Vierziger bezeichnet man eine stürmische

Gegend um Kap Hoorn. _____

b) War Karl D / der K / kahle wirklich kahl? _____

c) Der N / nahe Osten gilt als politisches Pulverfass. _____

d) Es ist nicht ungefährlich, die H / heiße Sahara

zu durchqueren. _____

e) Der R / rasende Roland ist eine Museumseisenbahn auf der Insel

Rügen. _____

f) Der Titel eines berühmten russischen Romans lautet

D / der S / stille Don. _____

g) Der G / große Gatsby ist eine literarische Figur aus einem

Roman. _____

h) Im K / kaspischen Meer wütete ein Sturm, es gab mehrere

Havarien. _____

i) Wir machen eine Wanderung über den E / eiskalten

Gletscher. _____

j) Der N / niedersächsische Landtag hat ein neues Schulgesetz

beschlossen. _____

k) Die B / blaue Nordsee hat ein

großes Wattenmeer. _____

1.6 Die Anredepronomen

Höfliche Anredepronomen

- Die **Höflichkeitsanrede** *Sie* wird immer **großgeschrieben.** Dies gilt auch für die Pronomen *Ihnen, Ihre, Ihr* usw., die sich auf die angesprochene Person beziehen. Das Reflexivpronomen *sich* schreibt man hingegen stets klein: *Frau Meier, nehmen **S**ie sich bitte **I**hr Blatt.*
- Bei Personen, die man duzt, benutzt man die Anredepronomen *du, dein, deiner, deine* usw. Diese **vertrauliche Anrede** schreibt man **klein.** Nur in Briefen darf man sie auch großschreiben: *Nimm **d**ir bitte **d**ein Blatt. Liebe Paula, vielen Dank für **D**einen Brief. Wie geht es **D**ir?*

42 Moritz schreibt seinem Lehrer eine Postkarte. Setze die fehlenden Anrede- pronomen in die Lücken ein.

Lieber Herr Schneider,

viele Grüße aus Paris sendet _____ _____ Schüler Moritz.

Diese Stadt ist wirklich absolut spitze, _____ haben mir nicht zu

viel versprochen. Und das, was _____ von _____ Bekannten

erzählt haben, der so gerne mit dem THALYS fährt,

kann ich jetzt erst richtig verstehen.

Alles Weitere werde ich _____ erzählen,

wenn wir wieder in der Schule sind.

Grüßen _____ bitte auch

_____ Frau ganz herzlich von mir!

_____ Moritz

43 Wie werden die farbig gedruckten Anredepronomen richtig geschrieben: groß oder klein? Kreuze an.

	groß	klein

a) „Guten Tag, Frau Zwitschermann! Wie geht

es IHREM Hund?" ☐ ☐

b) „Tom, gib mir doch bitte DEIN Deutschbuch!" ☐ ☐

c) „Würden SIE mich bitte vorbeilassen?" ☐ ☐

d) „Herr Weinmann, haben SIE heute Kirschen

in IHREM reichhaltigen Angebot?" ☐ ☐

e) „Hannes und Nina, ich würde heute Nachmittag

gerne zu EUCH kommen. ☐ ☐

Hättet IHR Zeit und Lust?" ☐ ☐

44 Füge die Anredepronomen in den Brief ein. Gib dabei stets alle möglichen Schreibvarianten an.

Liebe Oma,

wie geht es _____? Ich hoffe doch, es geht _____ her-

vorragend! Heute habe ich endlich einmal Zeit, _____ und Opa

einen Brief zu schreiben.

Was habt _____ _____ für den Sommer vorgenommen?

Deshalb schreibe ich _____ nämlich auch: Ich würde gerne ein

paar Tage bei _____ Urlaub machen. _____ wisst

doch, wie gerne ich bei _____ bin. Hättet _____ Zeit?

Darf ich kommen? Ich würde mich sehr freuen!

Viele Grüße von

_____ Emily

45 Lass dir den folgenden Brief von jemandem diktieren und schreibe ihn in dein Übungsheft. Lies dir deinen Text noch einmal gründlich durch, bevor du ihn mit der Vorlage vergleichst. Streiche die Fehler an und verbessere sie.

Liebe Familie Gutmensch, |

anbei schicke ich Ihnen das Geld zurück, | das Sie meiner Mutter und mir geliehen haben. | Ich möchte die Gelegenheit ergreifen, | Ihnen nochmals herzlich | für Ihre spontane Hilfsbereitschaft zu danken. |

Nachdem Sie uns an der Theaterkasse | netterweise mit 50 Euro aushalfen, | betrat ich mittags mit meiner Mutter | das Gelände der Freilichtbühne. | Wir hatten noch eine Stunde Zeit, | bis die Vorstellung begann, | und ich suchte einen schattigen Sitzplatz | für meine alte Mutter. | Da stand ein Herr auf | und bot uns seinen Stuhl an. | Als das Theater begann, | versprach der nette Herr, | uns den Sitzplatz auch für die Pause zu reservieren. |

Und tatsächlich: | In der Pause am Nachmittag | war der Platz für uns reserviert | und der Herr hatte zudem noch Getränke besorgt, | damit wir uns nicht anstellen müssen. | Ich bin überglücklich, | die Erfahrung gemacht zu haben, | dass es auch in der heutigen Zeit | noch so hilfsbereite Menschen gibt. |

Um meine Dankbarkeit auszudrücken, | schicke ich Ihnen eine Flasche Sekt | und einen Strauß Blumen mit. |

Mit herzlichen Grüßen |
Ewald Erstaunlich

2

Getrennt- und Zusammenschreibung

2.1 Verbindungen mit Verben

Trennbare und untrennbare Zusammensetzungen

- **Feste Verbindungen** mit einem Verb (untrennbare Zusammensetzungen) werden in allen Formen zusammengeschrieben:
  *Ich **widerspreche** ihm. Ich hoffe, dass sie ihm **widerspricht**.*
- **Trennbare Zusammensetzungen** hingegen sind solche, die nur im Infinitiv, als Partizip und am Ende eines Nebensatzes zusammengeschrieben werden. Sonst schreibt man sie getrennt: *Ich hoffe, dass ich die Lehrerin **antreffe**. Ich **treffe** die Lehrerin **an**.*

1 Setze die Sätze ins Präsens (in die Gegenwart).

a) Wegen starken Seegangs ist das Schiff untergegangen.

_____

b) Marie ist zu spät aufgestanden.

_____

c) Die Wahlforscher haben das Ergebnis vorausgesagt.

_____

d) Nina hat ihrer besten Freundin bei der Prüfung beigestanden.

_____

_____

2   Und nun umgekehrt: Setze die Sätze aus der vorangehenden Übung ins Perfekt.

a) Wir kommen sehr spät in der Eishalle an.

_____

b) Im ersten Spielabschnitt legen die Pinguine vor.

_____

c) Aber im zweiten Drittel ziehen die Grizzlys gleich.

_____

d) Am Ende springt aber ein deutlicher Sieg für die Pinguine heraus.

_____

_____

3   In den folgenden Sätzen wurden die untrennbaren Zusammensetzungen falsch kombiniert. Streiche sie durch, setze sie richtig zusammen und schreibe sie auf. Tipp: Der erste Wortteil kann jeweils stehen bleiben.

a) Wir werden das Gemüse tiefwandern. _____ _tiefgefrieren_

b) Sie langfolgern sich. _____

c) Wir überhaben vorsichtig die Straße. _____

d) Sie wettwandeln, wer die Schönste ist. _____

e) Das Gerät ist gut zu handqueren. _____

f) Wir schlussweilen, dass die Investition unnötig ist. _____

g) Sie durchgefrieren den Fluss. _____

h) Hoffentlich wird er heute Nacht nicht wieder schlafeifern.

_____

4 Trennbare oder untrennbare Verbzusammensetzung? Kreuze an.

	trennbar	untrennbar
a) mitbringen	☐	☐
b) überlegen	☐	☐
c) weggehen	☐	☐
d) beeilen	☐	☐
e) zurücklassen	☐	☐
f) hierbleiben	☐	☐
g) langweilen	☐	☐

5 Bilde aus den Bausteinen jeweils einen Satz im Präsens und einen im Perfekt.

a) Lukas – aufgeben – den Kampf

_____

_____

b) Johanna – herumlaufen – um das parkende Auto

_____

_____

c) der Wochenendausflug – losgehen – am Freitag

_____

_____

d) frühere Spitzensportler – weitergeben – ihre Erfahrungen

_____

_____

Verb + Verb

- Verbindungen von **Verb + Verb** sowie von **Partizip + Verb** schreibt man in der Regel **getrennt:** *lesen üben, lesen gelernt, verloren gehen.*
- Verbindungen von **Verb + *bleiben*** oder **Verb + *lassen*** kann man sowohl getrennt als auch zusammenschreiben, wenn sie im übertragenen Sinn verwendet werden: *sitzen bleiben / sitzenbleiben (in der Schule), liegen lassen / liegenlassen (im Sinne von „vergessen").*
- Verbindungen mit dem Verb ***sein*** schreibt man immer **getrennt:** *da sein, fertig sein, zusammen gewesen.*
- ***kennenlernen*** darf man sowohl zusammen- als auch getrennt schreiben: *Bald wirst du ihn kennenlernen / kennen lernen.*

6 Bilde jeweils einen Satz, in dem die beiden Verben beieinanderstehen.

a) einkaufen fahren: _____

_____

b) stehen bleiben: _____

_____

c) liegen lassen: _____

_____

d) schwimmen üben: _____

_____

e) wandern gehen: _____

_____

7 Bilde sinnvolle Verbverbindungen und setze sie in der richtigen Form in die Lücken ein.

angestrengt – verloren – gereizt – verrückt	gehen – machen – reagieren – nachdenken

a) Ich kann meine Armbanduhr nicht finden, sie ist offensichtlich irgend-

wo _____.

b) Das ist nicht ganz so tragisch, in den letzten Wochen hat sie uns ohne-

hin ein wenig _____.

c) Immer wenn ich meiner Mutter die falsche Uhrzeit gesagt habe, hat

sie ziemlich _____.

d) Wenn ich _____, finde ich die Uhr ja viel-

leicht doch wieder.

8 Trenne die Wörter voneinander und schreibe die Sätze richtig auf.

a) duwirstdievasenochfallenlassen!

_____

b) kannstdumitmirrechnenüben?

_____

c) ichschlussfolgere, dassduvielgelernthast.

_____

d) insoeinersituationmussmangelassenbleiben.

_____

9 Entscheide, ob du zusammen- oder getrennt schreiben musst. Schreibe die passenden Verben in der richtigen Schreibweise in die Lücken.

zufrieden – sein	liegen – bleiben	friedlich – sein
Musik – machen	stehen – bleiben	essen – gehen

a) Wenn Max die Akten nicht bearbeitet, werden sie ewig

_____.

b) Wenn wir nicht zum Tanken fahren, wird unser Auto

_____.

c) Heute Abend werden wir zusammen _____.

d) Die Fußballfans werden heute im Stadion hoffentlich

_____.

e) Am Wochenende werden wir gemeinsam _____.

f) Mit dem Ergebnis der Klassenarbeit kann ich

ganz _____.

10 Entscheide, ob man zusammen- oder getrennt schreiben muss.

a) segeln + gehen: Wir wollen heute _____.

b) stolz + sein: Deine Tochter kann auf ihr Zeugnis

sehr _____.

c) sitzen + bleiben: Wer sich nicht anstrengt, wird am Schuljahres-

ende _____.

d) bleiben + lassen: Ich würde das lieber _____.

e) schätzen + lernen: Du wirst das Training schon

_____.

Substantiv + Verb

- Verbindungen von **Substantiv + Verb** schreibt man dann **getrennt,** wenn das Substantiv (Nomen) als eigenständig angesehen wird: *Fußball spielen, Auto fahren, Ski laufen.*
- Ist das Substantiv **verblasst,** also kaum mehr als Substantiv erkennbar, dann schreibt man Verbindungen von Substantiv + Verb **zusammen:** *teilnehmen, irreführen.*
- Ebenfalls **zusammengeschrieben** wird dann, wenn die Wortverbindung als Ganzes **substantiviert** wird: *das Skilaufen.*

11 Setze passende Substantiv-Verb-Verbindungen in die Lücken ein.

| Schlittschuh – Rad – Rede – Gitarre – Hände – Brötchen | spielen – kaufen – fahren – halten – laufen – waschen |

a) Sophies Mutter will noch schnell beim Bäcker

_____.

b) Heute gehen wir in der Eishalle _____.

c) Hannah möchte bei diesem schönen Wetter gerne

_____.

d) Mein Bruder kann gut _____.

e) Vor dem Essen sollte man stets

_____.

f) Für das Geburtstagskind

werde diesmal ich eine

_____.

12 Setze die angegebenen Verbindungen in der richtigen Schreibweise in die passenden Lücken ein.

irre + führen

stand + halten

teil + haben

heim + kommen

wett + machen

statt + geben

a) Ich darf _____, wann ich will.

b) Ich kann es nicht leiden, wenn du mich _____ willst.

c) Wie willst du das nur wieder _____?

d) Und ich sage dir, ich werde dem _____.

e) Der Richter wird dem Einspruch _____.

f) Lässt du mich bitte auch _____?

13 Ergänze die Sätze, indem du die Wortverbindungen in substantivierter Form gebrauchst.

a) Schlittschuh + laufen: Für _____ hat sich

die Mehrzahl der Schülerinnen und Schüler ausgesprochen.

b) Rad + fahren: _____ macht ihr große

Freude.

c) Schach + spielen: _____ ist sein einziges

Hobby.

d) Blumen + pflücken: Im Park ist _____

nicht gestattet.

14   **Trenne die Wörter voneinander und schreibe den Satz richtig auf.**

a) sobaldichachtzehnbinlerneichautofahren.

_____

b) dasautofahrenmachtmirgroßenspaß.

_____

c) bringmichdochbitteheim.

_____

d) dasheimbringenmachtmirnichtsaus.

_____

e) wiesokannstdueinfachnichtsitzenbleiben?

_____

_____

15   **Ergänze die Sätze so, dass die Verbindung
mit dem Verb *sein* substantiviert wird.**

a) Mit dir zusammen zu sein ist lustig.

Das _____

mit dir ist lustig.

b) Ich hoffe, ich kann einmal mit allem zufrieden sein.

Mein _____ mit allem kommt

hoffentlich bald.

c) Es reicht mir, wenn ich dabei sein kann.

Das _____ ist alles.

d) Es freut mich, dass wir alle wieder beieinander sind.

Über unser _____ freue ich mich.

6.–8. KLASSE

Adjektiv + Verb

- Verbindungen von Adjektiv + Verb schreibt man in der Regel **getrennt:** *schnell sprechen, laut lachen.*
- Man schreibt Verbindungen von Adjektiv + Verb allerdings **zusammen,** wenn durch die Verbindung eine **neue Gesamtbedeutung** bzw. ein fester Begriff entsteht: *krankschreiben, kürzertreten.*
- Wenn man nicht genau entscheiden kann, ob eine neue Gesamtbedeutung vorhanden ist oder nicht, sind beide Schreibungen korrekt: *eine Woche freibekommen / frei bekommen.*
- Wenn das Adjektiv das **Ergebnis** des mit dem Verb beschriebenen Vorgangs bezeichnet, kann man getrennt oder zusammenschreiben: *klein schneiden / kleinschneiden, kaputt machen / kaputtmachen.*

16 Setze die durcheinandergeratenen Wörter wieder zusammen und füge sie richtig in die Sätze ein.

a) FESTINBDEN:

Ich werde Bello am Laternenpfahl _____.

b) WAHRGESAN:

Auf dem Schild steht, die alte Frau könne _____.

c) LIEBSENKO:

Ich lasse mich gerne von meiner Katze _____.

17 Getrennt oder zusammen? Streiche die falsche Schreibung durch.

a) Meine große Schwester wollte ihr Zimmer in der letzten Woche schwarzstreichen / schwarz streichen lassen.

b) Weil sie sparen wollte, hat sie einen Maler beauftragt, der in unserem Haus schwarzarbeiten / schwarz arbeiten sollte.

c) Als mein Vater das erfuhr, hat er rotgesehen / rot gesehen.

18 Einmal getrennt, einmal zusammen. Schreibe richtig.

a) schönreden / schön reden:

Die Situation ist mies. Da kann man nichts

mehr _____.

Nuschel nicht so! Ich weiß genau, dass du auch

_____ kannst.

b) großschreiben / groß schreiben:

Um deine Schrift zu lesen, brauche ich eine Lupe.

Würdest du bitte _____?

Substantive musst du immer

_____.

c) freisprechen / frei sprechen:

Du wirst für dein Referat sicher eine gute

Note bekommen, wenn du

_____ wirst.

Wir gehen davon aus, dass der Richter den Angeklagten

_____ wird.

d) dichthalten / dicht halten:

Das ist ein Geheimnis, du musst also unbedingt

_____!

Ich hoffe sehr, dass dieser Flicken den Schlauch auch auf Dauer

_____ kann.

19 Entscheide, ob zusammen- oder getrennt geschrieben werden muss. Gib an, ob es sich um Verb + Verb (A), Substantiv + Verb (B) oder Adjektiv + Verb (C) handelt.

blind – sein	_____	bekannt – machen	_____
kennen – lernen	_____	schlecht – rechnen	_____
geheim – halten	_____	laut – singen	_____
froh – sein	_____	schief – liegen	_____
hoch – rechnen	_____	tief – stapeln	_____
nach – denken	_____	zuvor – kommen	_____
maß – regeln	_____	fallen – lassen	_____
wett – eifern	_____	unter – zeichnen	_____
allein – stehen	_____	beisammen – sein	_____
schlaf – wandeln	_____	fort – gehen	_____
lieb – äugeln	_____	auswendig – lernen	_____
nahe – liegend	_____	hoch – stapeln	_____

20 Bilde Sätze mit den Wörtern aus Übung 19. Schreibe in dein Übungsheft.

Adverb + Verb

Verbindungen von **Adverb + Verb** schreibt man meistens zusammen. Entscheidend hierfür ist, wo die Betonung liegt:

- Liegt die **Betonung auf dem ersten Bestandteil** der Verbindung, dann schreibt man **zusammen:** *wiederkommen, abwärtsfließen.*
- Liegt die **Betonung (auch) auf dem zweiten Bestandteil,** dann schreibt man **getrennt:** *rückwärts einparken, wieder heiraten.*

Zusammengeschrieben werden außerdem Verbindungen mit Bestandteilen, die heute nicht mehr als freie Wörter vorkommen oder die in der Verbindung mit dem Verb keiner Wortart mehr zugeordnet werden können: *innehalten, fehlschlagen.*

21 Zusammen oder getrennt? Schreibe richtig auf.

a) hinein + schauen = _____

b) dorthin + fahren = _____

c) zusammen + kleben = _____

d) herum + experimentieren = _____

e) nebenher + gehen = _____

f) besonders + interessieren = _____

22 Verbinde jeweils einen Begriff aus dem linken Wortspeicher mit dem dazugehörigen Begriff aus dem rechten Wortspeicher. Schreibe die Verbindungen richtig auf.

| zunichte – abhanden – aufeinander – hin – froh | machen – locken – schauen – prallen – kommen |

_alle zusammen_____

_____

_____

8. KLASSE

23 Gesucht sind Verbindungen von Verben mit Bestandteilen, die oft nicht mehr als einzelne Wörter vorkommen oder keiner Wortart zugeordnet werden können. Finde sie heraus: gleiche Zahl = gleicher Buchstabe.

1	2	3	4	5	6	7	8	9	10	11	12	13	14	15	16	17	18	19	20	21
A		V	M	I			H		E		K		O	N	L		G	W		D

a) _ _ _ _ _ _ _ _ _
   5 15 15 10 8 1 6 10 15

b) _ _ _ _ _ _ _ _ _ _ _
   12 10 8 9 7 4 1 2 8 10 15

c) _ _ _ _ _ _ _ _ _ _ _
   13 4 8 5 15 12 14 4 4 10 15

d) _ _ _ _ _ _ _ _ _ _ _ _ _ _ _
   3 14 15 20 7 1 7 7 10 15 18 10 8 10 15

e) _ _ _ _ _ _ _ _ _ _ _ _ _
   3 14 9 16 5 10 6 15 10 8 4 10 15

f) _ _ _ _ _ _ _ _ _ _ _ _
   17 13 18 13 7 10 8 1 16 7 10 15

g) _ _ _ _ _ _ _ _ _ _ _ _
   17 13 7 10 5 16 19 10 9 21 10 15

24 Zusammen oder getrennt? Kreuze an, ohne vorher nachzusehen.

	zusammen	getrennt
a) Substantiv + Verb, in der Regel	☐	☒
b) Verb + Verb, in der Regel	☐	☒
c) Verbindung von Verb + *sein*	☐	☒
d) verblasstes Substantiv + Verb	☒	☐
e) Adverb + Verb, Betonung auf dem Adverb	☒	☐
f) Adverb + Verb, Betonung auf beiden Teilen	☐	☒

8. KLASSE

25 Der folgende Text enthält neun falsch geschriebene Wortzusammensetzungen bzw. Wortgruppen. Streiche sie durch und korrigiere sie am Rand.

Viele Schüler strapazieren die Nerven ihrer Lehrer

unnötig, weil sie es nicht schaffen, beim Plappern

während der Unterrichtsstunde maßzuhalten.

Mahnungen der Lehrer finden häufig kein Gehör.

So mancher Lehrer hat daher Mühe, die Situation

richtig Hand zu haben. Und die Schüler? Sie geben   *Hand zu heben*

in ihren Unterhaltungen mit dem Banknachbarn

so manches Geheimnis Preis. Auch so manchen   *preis*

Unfug können die Jugendlichen am Vormittag

nicht bleiben lassen. Irgendwann tönt ein Klingeln

durch das Gebäude und erlöst Schüler und Lehrer

gleichermaßen. Erst beim heimgehen finden die   *Heim gehen*

Schüler wieder zu sich selbst. Und am Nachmittag,

wenn sie etwa im Winter Schlittschuhlaufen oder   *Schlittschuh lauf*

im Sommer Radfahren, gilt es, die vermeintlichen   *Rad fahren*

Anstrengungen des Vormittags wieder wett zu   *wettzumachen*

machen: Sie über treten keine Grenzen mehr,   *übertreten*

können freundlich auf ihre Mitmenschen zugehen

und beweisen, dass sie miteinanderreden können.   *miteinander reden*

Und sie überlegen, wie sie es fertig bringen, den   *fertigbringen*

nächsten Schultag zu überstehen!

26 Manche Wortverbindungen haben je nach Schreibweise unterschiedliche Bedeutungen: *etwas wird sich wieder geben – ein Gedicht wiedergeben.*
Finde zu den vorgegebenen Wortgruppen jeweils einen Beispielsatz, in dem man sie getrennt schreibt, sowie einen, in dem man sie als Wortzusammensetzung zusammenschreibt.

a) wieder / holen:

_____

_____

b) um / fahren:

_____

_____

c) sicher / gehen:

_____

_____

d) frei / halten:

_____

_____

e) frei / machen:

_____

_____

_____

_____

f) zusammen / fahren:

_____

_____

_____

_____

2.2 Verbindungen mit Adjektiven und Partizipien

Adjektivverbindungen

- Zusammengesetzte Adjektive schreibt man **zusammen,** wenn der erste Bestandteil die **Bedeutung vermindert oder verstärkt:** *bitterkalt, blassblau, dunkelgrün.*
- Zusammengesetzte Adjektive schreibt man **zusammen,** wenn einer der beiden Bestandteile **nicht alleine** vorkommen kann: *großspurig, letztmalig, vielseitig.*
- Wenn die Wortverbindung einen **zusammengehörigen Begriff** bildet oder durch die Verbindung Wörter **eingespart** worden sind, schreibt man sie **zusammen:** *lammfromm (fromm wie ein Lamm).*
- Verbindungen von **adjektivisch gebrauchtem Partizip + Adjektiv** schreibt man **getrennt:** *leuchtend blau.*

27 Kombiniere jedes Substantiv mit einem Adjektiv aus dem Wortspeicher und schreibe die Verbindung auf.

> grün – hoch – klar – leicht – reich – rein – schnell – tot

a) Haus + _____ = _____

b) Gras + _____ = _____

c) Kind + _____ = _____

d) Blitz + _____ = _____

e) Lupe + _____ = _____

f) Sonne + _____ = _____

g) Maus + _____ = _____

h) Stein + _____ = _____

28 Gesucht sind zusammengesetzte Adjektive, deren erster Bestandteil die Bedeutung des Adjektivs verstärkt oder vermindert. Verbinde jeweils die passenden Adjektive mit Linien und schreibe sie auf.

dunkel	giftig
hell	reich
bitter	rot
hoch	wach
schwer	ernst

_____

_____

_____

_____

_____

29 Finde passende Verbindungen aus Partizip und Adjektiv und ergänze die vorgegebenen Sätze.

a) Das Haus ist _____ weiß.

b) Die Frau ist bezaubernd _____.

c) Die Sonne ist gleißend _____.

d) Im Urlaub war es _____ heiß.

e) Der Wolkenkratzer ist beängstigend _____.

f) Der Mann dort drüben ist _____ dick.

g) Mir ging es schlecht. Ich fühlte mich

_____ einsam.

Getrennt oder zusammen?

- Verbindungen aus **Substantiv + Adjektiv**, die für eine Wortgruppe stehen, schreibt man zusammen: *staubtrocken (= trocken wie Staub), grasgrün (= grün wie Gras).*
- Wird bei einem zusammengesetzten **Adjektiv** die Bedeutung durch den ersten Bestandteil verstärkt oder vermindert, schreibt man zusammen: *dunkelblau, superschnell.*
- Verbindungen aus einem **adjektivisch gebrauchten Partizip + Adjektiv** schreibt man getrennt: *leuchtend blau, klirrend kalt.*

30 Kombiniere ein Wort aus der oberen Zeile mit einem passenden aus der unteren Zeile. Schreibe die acht Verbindungen richtig auf.

kleinurlaubsfingerklirrendherzensliebesdunkelfeucht
reiffröhlichbraunguttollmütigbreitkalt

_____   _____

_____   _____

_____   _____

_____   _____

31 Richtig oder falsch? Kreuze an. Kennzeichne bei den falsch geschriebenen Sätzen die Fehler; schreibe in Stichworten die anzuwendende Regel dazu und verbessere die Verbindung.

a) Er lag Stock steif auf dem Boden. ☐ richtig ☐ falsch

_____

_____

b) Die Unterlage ist butterweich. ☐ richtig ☐ falsch

_____

_____

57

7.–8. KLASSE

c) Nun ist deine Bluse wieder strahlendweiß. ☐ richtig ☐ falsch

_____

_____

d) Er sah mich Freude strahlend an. ☐ richtig ☐ falsch

_____

_____

32 **Bilde mit den Wörtern aus dem Wortspeicher sinnvolle Sätze. Schreibe in dein Übungsheft.**

> hellgrün – supertoll – brandaktuell – uralt – brandgefährlich –
> erzkonservativ – stocksauer – lauwarm – todtraurig – dunkelgrau

33 **Formuliere passende Wortzusammensetzungen und setze sie in der richtigen Personalform ein.**

a) Es ist _____ (viele Jahre) Training, Talent und Disziplin

erforderlich, wenn man sich für die Olympischen Spiele qualifizieren

möchte.

b) _____ (vor Freude strahlend) empfing sie ihren

Freund.

c) Millionen _____ (vom Sport begeistert) Zuschauer

verfolgten die Olympischen Spiele mit Spannung.

d) _____ (bis zum Knie) Röcke sind nun wieder in

Mode.

e) Mit _____ (vor Schmerzen verzerrt) Gesicht stürzte

er zu Boden.

f) Er bestaunte die _____ (groß wie ein Riese) Figuren

aus Legosteinen.

7.–8. KLASSE

2.3 Verbindungen mit Substantiven

Substantiv + Partizip

Verbindungen aus Substantiv (Nomen) + Partizip
- darf man sowohl getrennt als auch zusammenschreiben, wenn die zugrunde liegende Verbindung aus Substantiv + Verb getrennt geschrieben wird: *Not leiden → Not leidend / notleidend*.
- schreibt man **zusammen,** wenn die zugrunde liegende Verbindung aus (verblasstem) **Substantiv + Verb** zusammengeschrieben wird: *teilnehmen → teilnehmend*.
- schreibt man **zusammen,** wenn die Wortverbindung einen **zusammengehörigen Begriff** bildet oder durch die Verbindung Wörter **eingespart** worden sind: *tränenüberströmt (überströmt von Tränen)*.

34 Forme die teils seltsam klingenden Sätze um. Benutze dazu jeweils eine Verbindung aus Substantiv + Partizip.

a) Die Läufer starten versetzt in der Zeit.

_____

_____

b) Die aktuelle Lage erregt Besorgnis.

_____

_____

c) Diese Erneuerung bricht sich Bahn.

_____

_____

d) Der Hund jault, um das Herz zu erweichen.

_____

_____

6.–7. KLASSE

Präposition + Substantiv

- Verbindungen aus Präposition und Substantiv (Nomen) schreibt man **zusammen,** wenn das Substantiv **verblasst** ist und das Ganze ein **eigenständiges** Wort geworden ist: *anhand, infolge*.
- Wenn das Substantiv in seiner Wortart und Bedeutung **deutlich erkennbar** ist, schreibt man **getrennt:** *zu Ende, unter der Hand*.
- Viele Verbindungen kann man sowohl zusammen- als auch getrennt schreiben: *aufgrund / auf Grund, anstelle / an Stelle*.

35 Finde die Verbindungen aus Präposition und Substantiv, indem du nur jeden zweiten Buchstaben gelten lässt. Schreibe die Wörter dann richtig auf.

a) w i r n s f k r k a y g b e _____

b) y a z n w h c a n n a d _____

c) y a m n o s a t c e i l m l r e _____

d) y i c n s f p o k l t g v e _____

e) j a j u z f z g s r o u e n h d _____

f) s m d i d t y h k i c l k f m e _____

g) v z n u n g w u l n t s h t g e s n _____

36 Welches Wort von der vorangehenden Übung passt in die Lücke? Setze ein.

a) _____ der Butter kann man auch Margarine verwenden.

b) Das kann ich _____ meiner Erfahrung sagen.

c) Man kann es auch _____ des Rezeptes herausfinden.

7.–8. KLASSE

37 Die Verbindungen von Präposition und Substantiv sind unvollständig. Setze die fehlenden Buchstaben ein.

a) A__sta____ sich auf das Diktat vorzubereiten, spielte Tom lieber Fußball.

b) In__ol__edessen hat er keine gute Note geschrieben.

c) Seiner Schwester z__fo__ge hat sein Vater ihm den Ball weg- genommen.

d) „Du wirst schon nicht daran zu__ru__de gehen", meinte er ironisch.

e) Doch Tom brachte es zus____nde, seinen Vater täglich wegen des Balls anzubetteln. Er warf ihm auch vor, ungerecht gehandelt zu haben.

f) „Stelle bloß nicht mein Urteilsvermögen in__r__ge!", warnte ihn der Vater.

g) Da begann Tom, an____nd der Lernhilfen die Rechtschreibung zu lernen.

h) Im nächsten Diktat brachte er eine gute Note zuw____e. Und er bekam seinen Ball sofort wieder.

38 Trenne die farbigen Wörter und füge sie richtig in die Lücke ein.

a) unterderhand: Das Auto ging bereits _____ weg.

b) zufuß: Wir sind _____ unterwegs.

c) amende: Ihr werdet euch _____ noch alle mögen!

d) außeracht: Bei der Planung eines Festes darf man die Nachbarn nicht

_____ lassen.

2.4 Schreibung mit Bindestrich

> **Ziffern, Einzelbuchstaben, Abkürzungen und Nachsilben**
>
> Folgende Wörter oder Wortgruppen werden durch einen Bindestrich miteinander verbunden:
> - Zusammensetzungen von Wörtern mit **Ziffern:** *10-mal.*
> - Zusammensetzungen von Wörtern mit **Einzelbuchstaben:** *T-Shirt.*
> - Zusammensetzungen mit **Abkürzungen** und **Kurzwörtern:** *MP3-Player, Abi-Prüfung.*
>
> Für Verbindungen mit **Nachsilben** gilt:
> - Es wird **kein** Bindestrich gesetzt, wenn eine **Ziffer** oder **Abkürzung** mit einer Nachsilbe verbunden ist: *100stel, 3%ig.*
> - **Einzelbuchstaben,** die mit einer Nachsilbe verbunden werden, stehen hingegen **mit** Bindestrich: *zum x-ten Mal.*
> - Der Wortbestandteil **fach** kann mit oder ohne Bindestrich hinter einer Ziffer stehen: *6-fach / 6fach.*

39   Bei den zusammengesetzten Wörtern fehlt der Teil vor dem Bindestrich. Suche die passende Ergänzung aus dem Wortspeicher und füge diese richtig ein. Setze auch den Bindestrich.

18   A   Fußball   h   1

s   Kfz   S   VIP   x

a) _____Dur

b) der _____Mechatroniker

c) _____zeilig

d) die _____Lounge

e) die _____Kurve

f) _____mal

g) das Genitiv_____

h) der _____Jährige

i) die _____WM

j) das Dehnungs_____

Mehrgliedrige Zusammensetzungen

Durch einen Bindestrich miteinander verbunden werden
- Zusammensetzungen mit **mehrteiligen Eigennamen:**
  Albert-Einstein-Schule.
- **unübersichtliche** oder sehr lange Zusammensetzungen:
  Schülerlotsen-Kleidungsordnung.
- **Aneinanderreihungen** und mehrgliedrige Substantivierungen:
  das Preis-Leistungs-Verhältnis, das In-den-April-schicken.
  Achtung: Ist der abgetrennte Wortteil ein Substantiv, wird er großgeschrieben.

40 In dem Suchrätsel sind senkrecht, waagerecht und diagonal 13 Wörter versteckt, die eigentlich mit Bindestrichen geschrieben werden. Kreise sie ein und schreibe sie unten richtig auf. Tipp: Die Anfangsbuchstaben der Wörter sind fett gedruckt.

Q	K	**S**	O	A	K	X	T	K	D	B	M	E	L	J	R	K	M	C	R	H	O	V	A
U	M	T	B	D	W	K	P	Ä	F	U	W	M	G	R	**L**	K	W	F	A	H	R	E	R
J	**S**	Ö	F	A	**N**	A	D	U	R	B	M	T	U	T	P	I	I	X	**3**	M	A	L	Ö
M	K	R	P	U	H	Y	H	P	T	E	T	P	S	J	W	R	Y	O	N	L	L	G	S
J	U	V	P	**H**	A	N	D	B	A	L	L	E	M	N	O	R	H	Y	Z	W	A	G	E
F	R	I	E	D	R	I	C	H	S	C	H	I	L	L	E	R	D	E	N	K	M	A	L
H	V	**A**	L	B	E	R	T	S	C	H	W	E	I	T	Z	E	R	S	C	H	U	L	E
Ä	E	C	C	E	**N**	T	V	Z	E	I	T	S	C	H	R	I	F	T	Q	F	F	G	C
Z	**S**	**M**	A	X	I	M	I	L	I	A	N	K	O	L	B	E	S	T	R	A	S	S	E
T	J	R	Z	A	**K**	F	Z	B	E	H	Ö	R	D	E	P	**2**	Z	E	I	L	I	G	Z
M	O	N	A	T	L	I	C	H	D	W	Y	B	Q	P	K	Ö	E	Y	P	Z	K	M	Q
Ä	F	X	M	D	H	D	Q	Ä	T	R	Ö	J	N	P	K	S	F	S	Ö	T	U	X	Q

_____

_____

_____

_____

41 Welche Schreibweise ist richtig? Kreuze an.

a)
- ☐ das 20fache
- ☐ das 20-fache
- ☐ das 20Fache

b)
- ☐ die 30-er-Gruppe
- ☐ die 30er-Gruppe
- ☐ die 30-er Gruppe

c)
- ☐ ein 100-stel-Gramm
- ☐ ein 100-stel Gramm
- ☐ ein 100stel Gramm

d)
- ☐ die n-te Potenz
- ☐ die nte-Potenz
- ☐ die nte Potenz

e)
- ☐ der 200-%-ige
- ☐ der 200%-ige
- ☐ der 200%ige

f)
- ☐ der 10-Euro Schein
- ☐ der 10-Euro-Schein
- ☐ der 10 Euro-Schein

42 Schreibe die Aneinanderreihungen richtig auf, indem du Bindestriche setzt und, wo nötig, die Groß- und Kleinschreibung korrigierst.

a) das Entwederoder:

_____

b) das Aufdielangebankschieben:

_____

_____

c) das Andenhaarenherbeiziehen:

_____

d) das Indentaghineinträumen:

_____

e) das Schwarzweißsehen:

_____

Schreibung mit und ohne Bindestrich

In folgenden Fällen **kann** ein Bindestrich gesetzt werden:
- bei Zusammensetzungen mit drei gleichen Vokalen oder Konsonanten:
  Seeelefant / See-Elefant, Schwimmmeisterschaft / Schwimm-Meisterschaft.
- zur Hervorhebung einzelner Wörter: *Ichroman / Ich-Roman.*
- um Missverständnisse zu vermeiden: *Druck-Erzeugnis / Drucker-Zeugnis.*

43 Bilde vier sinnvolle Wörter mit drei gleichen Vokalen und schreibe sie einmal mit und einmal ohne Bindestrich auf.

Armee	Einsaat	_____
Kaffee	Eule	_____
Klee	Essen	_____
Schnee	Ernte	_____

44 *Stadt-Teilreinigung* oder *Stadtteil-Reinigung*? Setze den Bindestrich an zwei unterschiedliche Stellen und erkläre die Bedeutung des jeweiligen Wortes.

a) Musikerleben:

_____

_____

b) Druckerzeugnis:

_____

_____

c) Altbauerhaltung:

_____

_____

7.–8. KLASSE

Ergänzungsbindestrich

Den Ergänzungsbindestrich setzt man, wenn in Zusammensetzungen ein gleicher Bestandteil nur einmal genannt und somit eingespart wird:
der Ein- und Ausgang.

45 Ersetze die Fragezeichen: Gesucht ist jeweils ein Wortteil vor, nach oder zwischen den Ergänzungsbindestrichen.

Senkrecht:
1. die Ausgeh- und ???laune
3. die ???- und Sommerkleidung
4. die Getränke- und ???karte
6. die Schul- und ???ordnung

Waagerecht:
2. das ???- und Abendessen
3. die Käse-, ???- und Fleischtheke
5. die Kinder-, Schlafzimmer- und ???möbel

46 Hier fehlen einige Bindestriche. Setze sie, falls nötig.

Unser Opa ist schon ein Original. Aus der Generation der 68_er singt

er höchste Lobeslieder in C_Dur auf das damalige Lebens_ und Erle-

bensgefühl. Bei seiner 25_Jahr_Feier als Mitglied im Musikverein wünsch-

te er sich statt des üblichen Flötenchors eine Rock'n'_Roll_Band. Die

hat er auch bekommen und es war eine tolle_Jubiläumsfeier, obwohl

der Musikverein aus mehrheitlich 30_ bis 40_Jährigen als über 60_Jäh-

rigen besteht. Aus Prinzip fährt unser Opa S_Bahn, obwohl er ein Solar-

energie_Auto hat. Er achtet sehr auf die Umwelt und kauft fast nur Pro-

dukte aus dem Eine_Welt_Laden. Am liebsten isst er Vitamin_C_haltige

Orangen_ und Mandarinen. Er hat lange Haare, die er mit seinen Fingern

hin_ und herwuschelt. Am liebsten

trägt er braune_ oder lilafarbene

Pullis aus Schaf_ oder Ziegenwolle

und braune Cord_ oder Jeanshosen.

Das unveränderliche_ Kennzeichen

unseres 70_jährigen Opas ist sein

Rucksack. Den trägt er immer_ und

überall mit sich herum und man

sieht ihn ständig den Reißverschluss

auf_ und zumachen. Mit diesen

Eigenheiten ziehen wir ihn oft auf.

Aber: Wir mögen ihn!

Dehnung und Schärfung

3.1 Dehnung

Lang gesprochene Vokale

Man unterscheidet zwischen lang und kurz gesprochenen Vokalen, z. B. langes *o* in *Tor* und kurzes *o* in *Dorf.* Handelt es sich um einen **langen Vokal,** spricht man von **Dehnung:**

- Die meisten betonten Vokale werden ohne ein besonderes Dehnungszeichen lang gesprochen. Auf einen langen Vokal folgt im Wortstamm ein einzelner Konsonant: *hör-en, les-en, Mal-er, leb-te.*
- In einigen Wörtern wird die Vokallänge durch einen **Doppelvokal** oder ein **Dehnungs-h** gekennzeichnet. In verwandten Wörtern bleibt das Dehnungszeichen meist erhalten: *Zoo, zählen, fahren – Abfahrt.*

1   Kurz oder lang? Markiere jeweils den betonten Vokal und bestimme seine Länge. Trage die Wörter unten entsprechend ein.

> Blume – sieben – Locke – Witz – malen – Rose – List – rot –
> Sonne – nehmen – Wand – rufen – bunt

Langer Vokal	Kurzer Vokal

2 Bilde Wortfamilien: Schreibe möglichst viele Wörter verschiedener Wortarten zu den Grundwörtern auf.

hören

_____

_____

_____

_____

_____

_____

_____

Segen

_____

_____

_____

_____

_____

_____

_____

nahe

_____

_____

_____

_____

_____

_____

_____

nehmen

_____

_____

_____

_____

_____

_____

_____

5.–6. KLASSE

Doppelvokale

Nur bei wenigen Wörtern wird die Länge des Vokals durch einen Doppelvokal angezeigt, allerdings gilt dies nur für die Vokale *a, e* und *o.* In verwandten Wörtern bleibt die Vokalverdoppelung erhalten, nur nicht, wenn Umlaute stehen: *Saal, Klee, Boot, Bootsfahrt* – aber: *Bötchen.*

3 Bilde zusammengesetzte Wörter. Ein Bestandteil soll immer ein Wort mit Doppelvokal sein. Am Ende darf kein Wort übrig bleiben.

Beeren	Personen	_____
Schnee	Tasse	_____
Saal	Mann	_____
Speer	Ball	_____
Waage	Wurf	_____
Kaffee	Schaufel	_____
See	Obst	_____

4 *aa, ee* oder *oo*? Gesucht sind Wörter mit Doppelvokalen. Setze richtig ein.

a) S____le   b) St____t   c) Z____

d) d____f   e) M____s   f) l____r

g) Beib____t   h) P____r   i) M____r

5 Verniedliche die folgenden Wörter, indem du *-chen* an das Wort hängst.

der Saal → _____

das Haar → _____

das Paar → _____

Das Dehnungs-h

- Das Dehnungs-h steht häufig (aber nicht immer!) **vor *l, m, n* und *r*:** *Zahl, nehmen, Sohn, Gefahr, berühmt.*
  Die Ausnahmen musst du dir einprägen: *Dame, grün, klar.*
- Steht das *h* zwischen zwei Vokalen, um zwei Silben voneinander zu trennen, kann man es beim Sprechen deutlich hören. In diesem Fall spricht man von einem Stammsilben-h: *geh-en, Ruh-e.*
- Es steht meistens **kein Dehnungs-h** bei Wörtern, die **mit *Sch / sch, Qu / qu* oder *T / t*** beginnen: *Schal, quer, Tür.*
- Nach einem **Diphthong** (Zwielaut: *au, äu, ei, eu*) steht in der Regel **kein Dehnungs-h:** *rau, feilen, häufig.*
  Merke dir die wenigen Ausnahmen: *Weihnachten, verzeihen.*

6 Gesucht sind Wörter mit Dehnungs-h. Du bekommst sie heraus, wenn du nur jeden zweiten Buchstaben gelten lässt. Schreibe die Wörter dann richtig auf.

wfrrsükh _____

keyrbzyäzhwlcenn _____

AZyamhonapcaismtraytcusbpe _____

PMoerhsrthuerizt _____

7 Bilde einen lustigen Satz mit den vorgegebenen Wörtern mit Dehnungs-h.

Bohne – Ohren – vermehren – wühlen

_____

_____

_____

8   Dehnungs-h oder nicht? Schreibe die Wörter richtig auf.

a) Schwa?n   _____

b) Stra?l   _____

c) Verke?r   _____

d) To?n   _____

e) Schu?e   _____

f) Brü?e   _____

g) Ra?men   _____

h) Fo?len   _____

i) Scha?le   _____

j) lei?se   _____

k) Leu?te   _____

l) So?le   _____

m) Que?re   _____

n) Trä?ne   _____

o) Schleu?se   _____

p) gewö?nlich   _____

9   Mit oder ohne Dehnungs-h? Ergänze die Lücken. Wenn kein *h* gesetzt werden muss, trägst du einen Strich in die Lücke ein.

a) Einst le__bten in den Wäldern Irlands gefürchtete Diebesbanden, die sich darauf verle__gt hatten, reichen Da__men ihre Juwe__len zu ste__len.

b) O__ne Vorwa__rnung na__men sie den Reisenden ihre Kutschen ab und lieferten sie den Gefa__ren der Wälder aus.

c) Die meisten Besto__lenen we__rten sich nicht und fle__ten auch nicht um Gna__de.

d) Sie hatten wo__l auch keine andere Wa__l.

Das lange *i*

- Das lang gesprochene *i* wird meistens durch ein **Dehnungs-e** gekennzeichnet: *Stiefel, Liege, Wiegen, siegen.*
- Gelegentlich wird das lange *i* mit einem **Dehnungs-h** geschrieben: *ihm, ihr, ihnen.*
- Das lange *i* wird nur in wenigen Wörtern mit **ieh** geschrieben: *fliehen, Vieh.*
- Wörter mit lang gesprochenem *i* **ohne Dehnungszeichen** sind zwar die Ausnahme, einige werden aber sehr häufig benutzt. Diese musst du dir besonders einprägen: *wir, mir, dir.*
- Viele Wörter mit langem i-Laut ohne Dehnungszeichen sind Fremd- oder Lehnwörter: *Maschine, Tiger, Augenlid.*

10 **Gleiche Zahl – gleicher Buchstabe: Gesucht sind Wörter mit langem *i*.**

a) Sie liegt auf der grünen __ __ __ __ __.
　　　　　　　　　　　　　　1　2　3　4　3

b) Sie kann nicht kommen. __ __ __ geht es nicht gut.
　　　　　　　　　　　　　　2　5　6

c) Ich werde noch schnell die Blumen __ __ __ __ __ __.
　　　　　　　　　　　　　　　　　　　7　2　3　8　3　9

d) Um die Nudeln abzuschütten, benötigst du ein __ __ __ __.
　　　　　　　　　　　　　　　　　　　　　　　　4　2　3　10

e) Hunde bellen, Pferde __ __ __ __ __ __ __.
　　　　　　　　　　　　　11　2　3　5　3　6　9

f) Sie __ __ __ __ sich den Zirkel von ihrem Bruder.
　　　　　12　2　3　5

g) Hier ist es kalt. Meine Oma __ __ __ __ __ __.
　　　　　　　　　　　　　　　　13　6　2　3　6　14

h) Dann nehme ich mal __ __ __ __ und mal das.
　　　　　　　　　　　　　15　2　3　4

Lösungssatz: __ __ __ __ __ __ __ __ __ __ __ __ __ __.
　　　　　　　　15　2　3　　10　2　3　9　3　　13　12　2　3　7　14

5.–6. KLASSE

11 Setze die Wörter mit langem *i* im folgenden Text richtig ein.

> vielen – Wiese – schließt – die – lieblichen – hier – Lied – ihre –
> sieht – neugierig – Spaziergang – niedlichen – riechender –
> gezielten – Dieb – zufrieden – die – friedlichen – Bienen – genießt –
> schließlich – lieber – Biestern – widerwärtigen – beschließt – liegt –
> Bienenstock – Biber

Der Biber l_____ auf der W_____ und

g_____ gerade den f_____, stillen Morgen.

Er s_____ d_____ Augen und lauscht dem l_____

L_____ einer Meise. „H_____ lässt es sich aushalten",

denkt er gerade z_____, als er plötzlich von einem

w_____ Lärm gestört wird. Ein übel r_____ Iltis

hat bei seinem S_____ seine Schnauze n_____ in

den B_____ gesteckt, um Honig zu stibitzen. Doch da werden

die n_____ Bienen zu bissigen B_____ und starten

einen g_____ Angriff auf den D_____, um

i_____ Vorräte zu verteidigen. Der B_____

s_____, dass der Iltis Hilfe braucht, und lenkt d_____

B_____ ab, bis sich der Iltis s_____ in Sicherheit

gebracht hat. „V_____ Dank, l_____ Biber!" Der Iltis

verbeugt sich und b_____, in Zukunft vorsichtiger zu sein.

12 Schreibe zu jedem der Wörter mit *-ieren* einen kurzen Satz in dein Übungsheft.

buchstabieren	probieren	gratulieren

spazieren	reparieren	trainieren

13 Gesucht sind Wörter mit lang gesprochenem *i* ohne Dehnungszeichen.

Senkrecht:

1. Ein grünes, gefährliches Reptil
2. Dort kann man Filme ansehen
3. Jemand, der Spuren verfolgt
4. Eine orangefarbene Frucht
5. Eine Schneemasse
6. Ein technisches Hilfsmittel (Gerät)
7. Nimmt man, wenn man krank ist

Waagerecht:

4. Polizisten fragen Verdächtige danach
5. Ein Triebfahrzeug
8. Im Winter macht er einen Raum gemütlich
9. Frauen tragen es im Sommer
10. Das Buch der Christen

5.–6. KLASSE

14 Vervollständige die Wörter. Sie enden jeweils auf *-ine*.

a) Sobald ich auch nur eine einzige Ro_____ im Kuchen entdecke,

lasse ich ihn stehen.

b) Die Vio_____ wird auch „Geige" genannt.

c) Anstelle von Butter kann man auch Mar_____ nehmen.

d) Die Burg ist nicht mehr gut erhalten. Es steht nur noch eine

R_____ da.

15 Lies die russische Fabel „Der Krebs und die Krähe"
und schreibe die elf Wörter heraus, die einen betonten
langen Vokal enthalten, aber ohne Dehnungszeichen
geschrieben werden.

Der Krebs und die Krähe

Die Krähe fliegt überm Meer und schaut: Da kriecht
der Krebs. Happ! Sie hat ihn und schleppt ihn auf
einen Baum, um gemütlich zu frühstücken. Da spricht
der Krebs: „Deine Eltern waren tüchtige Leute." „Mhm",
meint die Krähe, ohne den Schnabel zu öffnen. „Na ja,
sehr brave Leute – aber dir kommen sie doch nicht
gleich. Ich glaube, es ist niemand gescheiter als du!"
„Aha!", ruft die Krähe aus vollem Halse – da entfällt
ihr der Krebs ins Meer.

Wörter mit betontem langen Vokal ohne Dehnungszeichen:

_____

_____

_____

16 Setze die fehlenden Vokale ein.

Elena ist nach der Sch__le z__mlich müde. Sie g__ßt sich ein gr__ßes

Gl__s Milch ein. S__ ruft __re Freundin Lena an und fragt, ob sie später

mit __r ins K__no gehen möchte. Die beiden f__ren mit dem F__rrad in

die Stadt.

17 Vervollständige die Sätze mit passenden Wörtern aus dem Wortspeicher.

> Miete – angerufen – wieder – Schale – Miene – Bohrmaschine –
> Waage – strahlen – ihn – sie – wahr – schon – Bühne – Rosen

a) S_____ stellte eine Sch_____ auf den Tisch.

b) Hat er w_____ nicht a_____?

c) Mit böser M_____ blickte er sie an.

d) Mit der B_____ ging die Arbeit leicht.

e) „Ist das w_____?", fragte i_____ der Lehrer.

f) Die M_____ war viel zu hoch.

g) Die R_____ str_____ im Sommer.

h) Die Musiker standen sch_____ auf der B_____.

i) Die W_____ zeigte ein Kilo an.

Vor- und Nachsilben

In der Vorsilbe *ur-* und den Nachsilben *-tum, -sal, -bar* und *-sam* werden die Vokale zwar lang gesprochen, es stehen aber **keine Dehnungszeichen:** *Urlaub, uralt, Reichtum, Schicksal, erreichbar, langsam.*

18 Bilde aus den folgenden Wörtern Adjektive und Substantive (Nomen) mit der Vorsilbe *ur-* oder den Nachsilben *-tum, -sal, -bar, -sam* und trage sie unten ein. Manche Wörter lassen sich mehrfach eintragen.

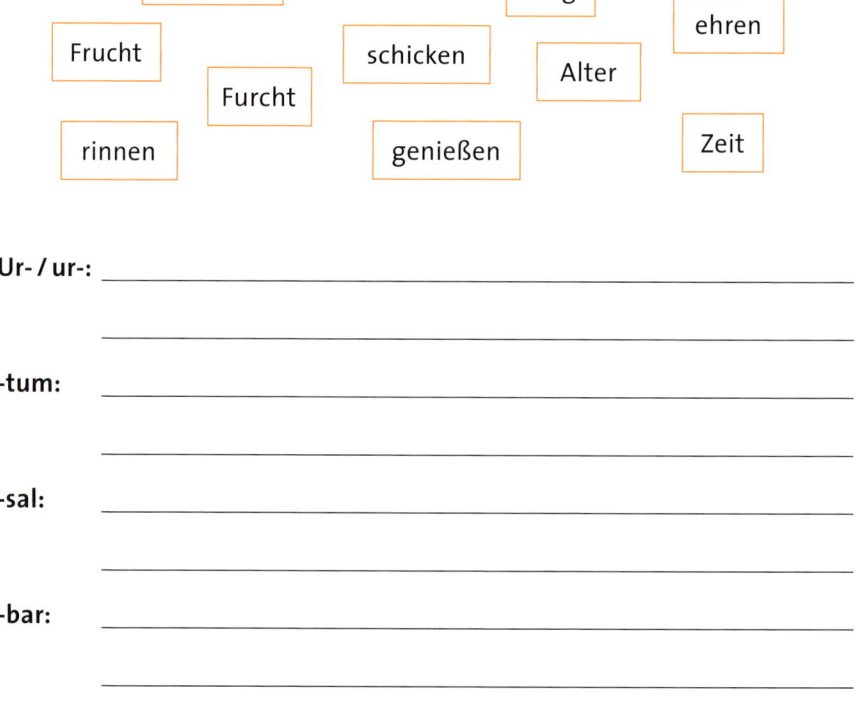

Ur- / ur-: _____

_____

-tum: _____

_____

-sal: _____

_____

-bar: _____

_____

-sam: _____

_____

3.2 Schärfung

Kurz gesprochene Vokale

Kurz gesprochene Vokale werden beim Schreiben unterschiedlich gekennzeichnet:

■ Ein kurz gesprochener Vokal kann durch eine **Konsonantenhäufung** kenntlich gemacht werden. Dann folgen auf einen kurzen Vokal im Wortstamm zwei oder mehrere verschiedene Konsonanten: *Land, Topf, Volk, Dachs.*

■ Hört man nach einem kurzen betonten Vokal im Wortstamm nur einen Konsonanten, wird dieser in der Regel **verdoppelt** (Doppelkonsonant). Man sagt, der Vokal erfährt eine **Schärfung:** *nett, knarren, Zimmer, kennen.*

■ Es gibt zwei Ausnahmen bei der Konsonantenverdopplung: Statt *kk* schreibt man *ck,* statt *zz* schreibt man *tz: backen, nutzen.*
Beachte, dass hingegen bei Fremdwörtern, die ins Deutsche übernommen wurden, die Doppelkonsonanten *kk* und *zz* auftreten können: *Sakko, Pizza.*

■ Nach einem lang gesprochenen Vokal oder einem Diphthong (Zwielaut) hingegen steht nie ein Doppelkonsonant: *Wahl, kaum.*

19 In dem Buchstabenquadrat sind senkrecht und waagerecht elf Wörter mit Doppelkonsonanten versteckt: Umrahme sie farbig. Achte auf die Sonderregel für das verdoppelte *k* und das verdoppelte *z!*

R	U	M	M	E	L	F	S	C	H	P	A	S
R	O	O	T	V	Q	D	C	H	X	A	W	T
E	M	T	A	G	I	J	H	S	Q	P	Z	I
S	B	T	R	U	Y	U	W	L	L	P	H	M
T	K	E	T	T	E	I	I	F	N	E	R	M
A	Y	E	A	E	T	I	M	G	R	E	V	E
M	K	L	N	E	B	O	M	U	R	C	E	N
P	E	N	N	R	F	L	B	A	B	U	L	A
E	N	W	E	E	K	K	A	T	Z	E	F	N
L	K	I	N	N	H	L	D	E	R	C	E	L
U	L	E	N	B	E	L	R	I	S	K	I	C
H	T	K	D	E	C	K	E	L	E	E	P	R
V	P	O	Z	K	B	L	E	V	E	X	H	A

20 Bilde möglichst viele Wörter zu den folgenden drei Stammsilben.

-atz-   -itz-   -eck-

_____   _____   _____

_____   _____   _____

_____   _____   _____

_____   _____   _____

_____   _____   _____

_____   _____   _____

_____   _____   _____

21 Setze die Buchstaben richtig zusammen. Schreibe die Wörter richtig auf und füge bei Substantiven den Artikel hinzu.

a) Wcekre: _____

b) Wzti: _____

c) aStz: _____

d) eDcek: _____

e) Schrcek: _____

f) Schtaz: _____

g) Rtize: _____

h) ncekne: _____

i) mtzone: _____

j) oRkc: _____

22 Kreuze an: Ist der Vokal lang oder kurz? Unterstreiche Wörter mit zwei Konsonanten nach den kurzen betonten Vokalen.

	kurzer Vokal	langer Vokal
wen	☐	☐
Katze	☐	☐
Biss	☐	☐
wenn	☐	☐
Rest	☐	☐
Mut	☐	☐
Kater	☐	☐
Hütte	☐	☐
Schluss	☐	☐
Mutter	☐	☐
wir	☐	☐

23 Unterstreiche die kurzen betonten Vokale und umkreise die Konsonanten hinter den Vokalen.

a) Ich schicke dir herzliche Grüße aus den Ferien.

b) Finn und Maja essen besonders gern Nudeln.

24 In den folgenden Sätzen sind sieben Fehler versteckt. Unterstreiche die Wörter mit Fehlern und schreibe sie richtig in dein Übungsheft.

a) Die Buter steht auf dem Tisch.
b) Das Auto kam rasend schnel auf ihn zu. Er war starr vor Schrek.
c) Zuerst sahen wir die Blize, dann rolte der Donner herbei.
d) Das Konzert war schön, nur die erste Grupe hat mir nicht gefalen.

25 Doppelter oder einfacher Konsonant? Lies zuerst das Wort laut und überlege, ob der Vokal lang oder kurz gesprochen wird. Entscheide dich dann für die richtige Schreibweise, indem du sie ankreuzt.

a) ☐ Zimmt   ☐ Zimt   b) ☐ Gewitter   ☐ Gewiter

c) ☐ Bannane   ☐ Banane   d) ☐ Kamell   ☐ Kamel

e) ☐ Bannde   ☐ Bande   f) ☐ Bircke   ☐ Birke

g) ☐ Tatze   ☐ Taze   h) ☐ schwatzen   ☐ schwazen

i) ☐ werrfen   ☐ werfen   j) ☐ Düre   ☐ Dürre

k) ☐ Packet   ☐ Paket   l) ☐ Bettlacken ☐ Bettlaken

26 Doppelkonsonant oder nicht? Setze richtig ein.

a) f oder ff?   Sti___t   Ne___e   o___t   Ka___   Kli___

b) b oder bb?   E___e   O___er   he___en   a___er   Kra___e

c) m oder mm?   A___pel   Ka___er   Gli___er   La___a   Su___pf

d) t oder tt?   We___e   Bar___   Hir___e   Ma___e   Pa___e

27 Konjugiere die folgenden Verben im Präsens (in der Gegenwart).

fallen   **drücken**   **sich betten**

_____   _____   _____

_____   _____   _____

_____   _____   _____

_____   _____   _____

_____   _____   _____

_____   _____   _____

Drei gleiche Konsonanten

- Treffen bei einer Wortzusammensetzung drei gleiche Konsonanten aufeinander, dann schreibt man alle drei:
  Bett + Tuch → *Betttuch*
  Stall + Luft → *Stallluft*
- Wenn das Wort dadurch schlecht lesbar wird, kann auch ein Bindestrich gesetzt werden. Das sollte sich aber auf sehr lange Wörter beschränken; meist ist die normale Schreibung verständlich:
  Kunststoff + Folie → *Kunststofffolie / Kunststoff-Folie.*

28 Bilde mit den Wörtern aus dem Wortspeicher zehn Wortzusammensetzungen, in denen drei gleiche Buchstaben aufeinandertreffen. Schreibe sie mit Artikel (bei Substantiven) auf die Linie.

> Abfall – Anschluss – Ballett – Fahrt – Fett – Flasche – frei – Fußball –
> Haselnuss – Länderspiel – Lager – Satz – Sauerstoff – Schiff –
> Schluss – Stelle – Stickstoff – Strauch – Tropfen – Truppe

5. – 6. KLASSE

29 Führe ein Laufdiktat durch. Lege dazu den Text ans andere Ende des Zimmers. Merke dir nun jeweils einen Abschnitt (oder auch zwei), gehe zu deinem Arbeitsplatz und schreibe ihn auswendig auf. Arbeite dich so bis ans Ende durch und vergleiche dann deinen Diktattext mit der Vorlage. Streiche die Fehler an und verbessere sie.

Picknick

Meine Freundin Celina hat mich | zum Picknick eingeladen. | Pünktlich bin ich mit einer Decke | und meinem Hund Waldemar bei ihr. | Celinas Mutter muss noch die Lockenwickler | aus ihren Haaren nehmen, | dann fahren wir an die linke Flussseite* mit der schönen Wiese. |
Wir suchen einen Platz | und setzen uns auf die Decke. | Celinas Mutter packt den Korb aus: | Brot, Plätzchen, Schokolade, | selbst Schnitzel und Zuckerstangen zaubert sie heraus. | Mir läuft schon das Wasser im Mund zusammen. | Gerade will ich zugreifen, | da höre ich ein Bellen und Schreie. | Mit einem Satz springe ich hoch. | Wo ist Waldemar? |
Ich hatte ihn an einen Baumstamm gebunden. | Suchend blicke ich mich um. | Da sehe ich ihn: | Er rennt am Ufer entlang | und bellt die armen Enten an. | Diese flattern vor lauter Schreck wild herum. | Die anderen Gäste unterhalten sich empört | und zeigen auf ein Pappplakat*: | „Hunde an die Leine" steht darauf. | Ich renne los, | fange Waldemar schnell ein | und meckere mit ihm. | Dann setze ich mich wieder auf die Decke | und nehme mir eine Zuckerstange. | Die Leine lasse ich heute nicht mehr los.

* Schreibung auch: Fluss-Seite, Papp-Plakat

Der s-Laut

4.1 *s, ss oder ß?*

Die drei Schreibungen des s-Lautes

- **Ein einfaches *s*** steht am Wortanfang und nach einem Konsonanten:
  Sieb, Erbse, Pinsel.
  Stimmhaft (weich) gesprochene s-Laute stehen mit einfachem *s*: *lesen*.
  Stimmlos (hart) gesprochene s-Laute werden mit einfachem *s* geschrieben,
  wenn bei Verlängerung des Wortes ein stimmhafter s-Laut gesprochen
  wird: *Glas – Gläser*.
- **Ein *ß*** steht nur nach einem langen Vokal oder Diphthong (Zwielaut), wenn
  der s-Laut **stimmlos** (hart) gesprochen wird: *groß, äußerlich*.
- Der **Doppelkonsonant *ss*** steht nach einem **kurzen Vokal** am Ende des
  Wortstammes: *Schloss, Kass-e*.
  Achtung: Steht der s-Laut zwischen kurzem Vokal und *t*, musst du genau
  prüfen, wo der Wortstamm endet: *gefass-t, vergess-t*.

---

1   Schreibe die vorgegebenen Wörter so auf die Linien, dass sich auf den
farbigen Strichen das jeweilige Lösungswort ergibt. Achtung: *ß* ist als ein
Buchstabe einzutragen!

a) Hülsenfrucht:

Riese   _ _ _ _ _ _ _

Greis   _ _ _ _ _ _

Biss   _ _ _ _ _ _

Fluss   _ _ _ _ _ _

Hose   _ _ _ _ _

Lösungswort: _____

b) Verkehrsweg:

nass   _ _ _ _ _ _ _

Iltis   _ _ _ _ _ _

Kürbis   _ _ _ _ _ _

Klasse   _ _ _ _ _ _

Maß   _ _ _ _ _

Abreise   _ _ _ _ _ _

Lösungswort: _____

2 Prüfe, ob der Vokal lang ist *(ß)* oder kurz *(ss)*. Setze die fehlenden s-Laute ein.

a) Das Wa___er im Schwimmbad war kalt.

b) Wir mu___ten lange an der Kinoka___e warten.

c) Nach der Wanderung taten mir die Fü___e weh.

d) Ayasha blickte Theo mi___trauisch an.

e) Ich fand das Konzert gro___artig.

3 Stimmhaft oder stimmlos? Ergänze bei stimmhaftem s-Laut *s* und bei stimmlosem s-Laut *s, ss* oder *ß*.

a) Sie schenkte ihm einen Strau___ wei___er Ro___en.

b) Ha___t du Lu___t auf eine Flo___fahrt?

c) Er rei___t den Brief durch und ruft: „Mi___t! Da___ kann auch nur mir

   pa___ieren!"

d) Er bei___t nicht, er i___t ganz lieb.

e) Ich e___e die Re___te auf.

f) Es schmeckte scheu___lich!

g) „Da___ wu___te ich doch!"

h) Sie war ___ehr flei___ig.

i) Wa___ ko___tet eine Rei___e nach Mallorca?

4 Leite von den folgenden Substantiven die Verben ab nach folgendem Beispiel: *Kuss – küssen*. Nicht immer ist die Ableitung so einfach, achte für die Schreibung der s-Laute auf die Länge der Vokale.

a) Gruß – g_____

b) Kreis – k_____

c) Buße – b_____

d) Schuss – sch_____

e) Hast – h_____

f) Hass – h_____

g) Riss – r_____

h) Maß – m_____

i) Biss – b_____

j) Schloss – sch_____

k) Speise – sp_____

l) Genuss – g_____

m) Stoß – st_____

n) Spaß – sp_____

5 Finde Reimwörter. Die s-Laute in den Reimwörtern können auch anders geschrieben werden als im Ausgangswort, zum Beispiel: *heißt – meist*.

a) muss – B_____

b) fassen – _____

c) Tasse – _____

d) groß – _____

e) Gas – _____

f) Schloss – _____

g) Moos – _____

h) Hast – _____

i) (er) fasst – _____

j) weiß – _____

k) (ich) grüße – _____

l) Gras – _____

m) (er) bläst – _____

n) gießen – _____

o) (sie) reist – _____

p) lesen – _____

Besonderheiten

■ Bei wenigen Substantiven verdoppelt sich im Plural das *s* am Wortende: *Bus – Busse*.

■ Die Endung *-nis* wird im Plural zu *-nisse*: *Erlebnis – Erlebnisse*.

■ Die Vorsilbe *Miss- / miss-* schreibt man immer mit *ss*: *Miss*verständnis.

6 Bilde aus den Verben im Wortspeicher Substantive (Nomen), indem du die Endung *-nis* anhängst. Setze die Substantive dann in den Plural.

ereignen – erfordern – erschweren – erzeugen – hindern – verhalten

_____ → _____

_____ → _____

_____ → _____

_____ → _____

_____ → _____

_____ → _____

7 Setze den richtigen s-Laut ein und bilde die Pluralformen.

Singular	Plural
Flo___	→ _____
Flu___	→ _____
Bi___	→ _____
Kroku___	→ _____
Ku___	→ _____
Gru___	→ _____

8   Setze die Wörter im Wortspeicher mit der Vorsilbe *Miss-* bzw. *miss-* zusammen und schreibe sie (bei Substantiven mit Artikel) auf.

achten – bildung – brauchen – deuten – empfindung – gelaunt –
fallen – geschick – gönnen – griff – gunst – trauen

_____   _____

_____   _____

_____   _____

_____   _____

_____   _____

9   In den folgenden Sätzen fehlen die s- Laute. Setze *s, ss* oder *ß* ein.

a) Der Koch mi___t den Zucker für die Nu___so___e ab.

b) Hei___e Wür___tchen i___t mein gro___er Bruder am lieb___ten.

c) Schlie__lich ra___te der Hund auf die Stra___e.

d) Der dur__tige Po__tbeamte be__orgte sich ein Gla__ Wa___er.

10   Wieso schreibt man die Wörter mit *s, ss, ß?* Formuliere die Regel dazu.

Bremse: _____

Saft: _____

Waise: _____

Masse: _____

Straße: _____

Die Vokallänge vor dem s-Laut

Wenn sich bei verwandten Wörtern die Länge des Vokals vor dem s-Laut ändert, schreibst du entsprechend nach kurzem Vokal *ss*, nach langem Vokal oder Diphthong *ß*: *reißen – gerissen*.

11   Konjugiere die Verben *essen* und *lesen* im Singular.

	Präsens	Präteritum
essen:	_____	_____
	_____	_____
	_____	_____
lesen:	_____	_____
	_____	_____
	_____	_____

12   Fülle die Lücken aus. Achte besonders auf die Schreibweise.

Substantiv	Infinitiv	3. Pers. Sing. Präsens
der Schuss	_____	er _____
_____	fressen	er _____
_____	_____	er misst
_____	gießen	er _____
der Biss	_____	er _____
_____	_____	es fließt
_____	verdrießen	es _____
das Schloss	_____	es _____

13   **Setze richtig ein: s, ss oder ß?**

Da__ war ein Spa____! Ha__t du ge__ehen, wie __ie geschrien hat,

al__ ich ihr den Schub__ gegeben habe? „La__ da__!" Aber da__ i__t

mir egal – man mu__ mit gleichem Ma__ me__en. Ich kann mich noch

genau erinnern, da__ __ie mir vor einem Jahr auch einen Sto__ mit

dem Fu__ gegeben hat. Al__o i__t da__ nur au__gleichende Gerechtig-

keit. Aber du ha__t eigentlich recht: Jetzt i__t Schlu__ damit. Man mu__

ja auch verzeihen können.

14   **Entscheide: s, ss oder ß?**

Fü___e	Mon____ter	bla_____
Bla___ebalg	Pu___teblume	kri____eln
ri____ig	Bri____e	Prei_____
Schwei_____	Ni____e	nie_____en

15   **Trage den fehlenden s-Laut ein: s, ss oder ß?**

Vom Stra__enverkehr, von äu__eren Hinderni__en oder gar bei__enden

Hunden mal abge__ehen – der eigentliche Feind des Po__tboten ist

die Schreibwei__e. Er lie__t sorgfältig, aber oft gibt die Adre__e Rät__el

auf. Bei rie__igen Bergen von Briefen ko__tet das Zeit und i__t eine

echte Belä__tigung. Die mei__ten Kunden erwarten, dass Briefboten

allwi__end sind und um jeden Prei__ alle__ lo__werden wollen, egal

wie schwei__treibend das i__t.

4.2 *das* oder *dass?*

Ob man *das* oder *dass* schreibt, kommt auf die grammatikalische Bedeutung der Wörter an. Mit der **Ersatzprobe** findest du heraus, wie du es schreiben musst:

- **das** steht als Artikel bei einem Substantiv oder als Demonstrativpronomen am Anfang eines Satzes. Probe: Du kannst stattdessen *dieses* oder *jenes* einsetzen: *das Glas* → *dieses / jenes Glas, Das ist es!* → *Dieses / Jenes ist es!*
- **das** leitet als Relativpronomen einen Nebensatz ein. Probe: Du kannst stattdessen *welches* einsetzen. *Das Buch,* **das** *ich mir gekauft habe ...* → *Das Buch,* **welches** *ich mir gekauft habe ...*
- **dass** ist eine unterordnende Konjunktion und leitet einen Nebensatz ein. Probe: Du kannst es **nicht** durch *dieses, jenes* oder *welches* ersetzen: *Ich denke,* **dass** *dies nicht so schwierig ist.*

16 Relativpronomen oder Konjunktion? Die beiden folgenden Satzanfänge sind fast gleich, doch der Unterschied in der Bedeutung ist gewaltig. Setze *s* oder *ss* in die Lücken ein und schreibe rechts die Wortart dazu.

a) Das Geheimnis, da____ ich dir verraten habe, ... _____

b) Das Geheimnis, da____ ich dich verraten habe, ... _____

17 Fülle die Lücken: *s* oder *ss*?

a) Ich weiß, da____ du da bist!

b) Da____ war mir neu!

c) Da____ Auto, da____ ich gekauft habe, ist kaputt.

d) Da____ es regnet, wundert mich nicht.

e) Ich weiß, da____ ist nicht zu ändern.

f) Ich wollte dir da____ immer schon mal sagen.

18 Welche Funktion hat das farbig gedruckte *das* in den jeweiligen Sätzen? Kreuze an (A = Artikel, D = Demonstrativpronomen, R = Relativpronomen).

	A	D	R
a) Das Auto, das wir uns kaufen werden, ist grün.	☐	☐	☐
b) Ich kann das gar nicht glauben!	☐	☐	☐
c) Das Haus, das ihr sucht, steht hinter der Kurve.	☐	☐	☐
d) Das Schulkind, das im Schulhof steht, ist in der ersten Klasse.	☐	☐	☐
e) Ich glaube, das Heft liegt zu Hause.	☐	☐	☐

19 *dass* oder *das*? Setze richtig ein.

Das Theaterstück, _____ die Schülerinnen und Schüler der Klassen

7 bis 10 gestern in der Aula der Sophie-Scholl-Schule aufführten und

_____ zunächst auch ganz spannend war, wurde für die Zuschauer am

Ende völlig langweilig, weil die jüngeren Darsteller _____ Stück offen-

sichtlich nicht gut kannten und viele Fehler machten. Man sah ihnen oft

an, _____ sie sehr unsicher waren. Sicherlich hofften manche, _____

der Vorhang bald wieder zugezogen würde. Außerdem goss der Kellner

der Hauptdarstellerin _____ Wasser, _____ sie bestellt hatte, über

das Kleid. _____ _____ erst kurz vor dem Ende des Stückes passierte,

tröstete die Darstellerin auch nicht. Schließlich war sie so frustriert,

_____ sie einfach ihren Mantel anzog und meinte, _____ es im

Restaurant recht kühl sei. _____ Publikum applaudierte hinterher

eher aus Höflichkeit als vor Begeisterung.

20 *das* oder *dass?* Streiche das falsche Wörtchen durch. Wenn du alles richtig gemacht hast, dann kannst du mit den Lösungsbuchstaben das Zitat von Wilhelm Busch vervollständigen. Trage sie einfach der Reihe nach unten ein.

a) Ich kann mir gut vorstellen, das (O) / dass (B) du enttäuscht bist.

b) Das (E) / Dass (T) Gaspedal ist auf der rechten Seite.

c) Das Puzzle, das (S) / dass (C) ich gewonnen habe, ist riesig.

d) Das (C) / Dass (P) ist es!

e) Er sagte, das (R) / dass (H) er keine Zeit habe.

f) Das (L) / Dass (M) Theater ist sehr schön.

g) Ich kenne das (U) / dass (W) nur zu gut.

h) Daran kann man erkennen, das (R) / dass (S) Schule wichtig ist.

i) Ich denke, das (S) / dass (H) wird schön.

j) Das (M) / Dass (N) Rhinozeros lebt in Afrika und Asien.

k) Ich habe gehört, das (L) / dass (U) es morgen regnen soll.

l) Das (S) / Dass (A) habe ich mir nicht so vorgestellt.

m) Das Kamel, das (S) / dass (G) du dort siehst, ist schon sehr alt.

„Also lautet ein __ __ __ __ __ __ __ __ __,

dass der Mensch was lernen __ __ __ __.“

Relativsatz und Konjunktionalsatz

Ein Relativsatz ist ein Nebensatz, der durch ein Relativpronomen *(der, die, das)* eingeleitet wird: *Das ist ein Thema, **das** mich ganz besonders interessiert.*
Ein Konjunktionalsatz ist ein Nebensatz, der durch eine unterordnende Konjunktion, z. B. *weil, da, dass, sodass ...* eingeleitet wird: *Es ist kein Geheimnis, **dass** dieses Thema besonders interessant für mich ist.*

21   Verbinde die beiden Sätze, indem du das Relativpronomen *das* einsetzt. Vergiss die Kommasetzung nicht! Gehe dabei nach folgendem Beispiel vor:
Das Mädchen ist hilfsbereit. Es hat mir seinen Sitzplatz angeboten. →
Das Mädchen, das mir seinen Sitzplatz angeboten hat, ist hilfsbereit.
Markiere abschließend das Relativpronomen.

a) Das Bild hänge ich über die Couch. Ich habe es mir gestern gekauft.

_____

_____

b) Das Buch ist spannend. Mein Lehrer hat es empfohlen.

_____

_____

c) Das Heft ist bereits voll. Ich habe es erst seit letzter Woche.

_____

_____

d) Das Mäppchen gefällt mir. Meine Oma hat es mir geschenkt.

_____

_____

7.–8. KLASSE

22 Mache aus zwei Hauptsätzen einen Haupt- und einen Nebensatz. Entscheide, ob es ein Relativsatz mit *das* oder ein Konjunktionalsatz mit *dass* ist.

a) Niemand hätte es vor 30 Jahren gedacht. Der Computer gehört heute zu fast jedem Haushalt.

_____

_____

b) Das Leben der Menschen hat sich rasant verändert. Es war früher noch ein wenig ruhiger.

_____

_____

c) Vor 60 Jahren füllte das Gerät noch zwei Räume aus. Man nannte es Computer.

_____

_____

d) Heute sind die Computer für den alltäglichen Gebrauch sehr klein. So passen sie in eine Aktentasche.

_____

_____

e) In einer Zeit, in der die Preise steigen, werden die Computer immer günstiger. Viele Menschen wundern sich darüber.

_____

_____

_____

f) Aber die Fähigkeiten des menschlichen Gehirns wird der Computer wohl nie erreichen. Es ist viel leistungsfähiger.

_____

_____

_____

23 Schreibe Konjunktionalsätze mit *dass/sodass* oder Relativsätze mit *das* auf. Achte darauf, dass zwischen Haupt- und Nebensatz immer ein Komma stehen muss.

a) Es regnet draußen. Ich kann kein Sonnenbad nehmen.

_____

_____

b) Das Haus steht an der Straßenecke. Es hat grün gestrichene Fenster.

_____

_____

c) Mein Bücherregal ist zusammengebrochen. Es hat viele Jahre lang gehalten.

_____

_____

d) Unser Wohnmobil steht noch auf Rügen. Es hat einen Motorschaden.

_____

_____

e) Ich habe verschlafen. Ich erreiche den Bus nicht mehr.

_____

f) Yannik hat Durst. Er trinkt zwei Glas Wasser.

_____

g) Das Tablet meines Vaters ist ganz neu. Er benutzt es jeden Tag.

_____

h) Ich habe gehört. Werder Bremen hat einen neuen Spieler gekauft.

_____

i) Hannah schläft fest. Sie hört das Klingeln nicht.

_____

Gleich und ähnlich klingende Laute

5.1 Vokale und Konsonanten

e oder ä? eu oder äu?

Es gibt Vokale, die gleich oder sehr ähnlich ausgesprochen, aber unterschiedlich geschrieben werden. Hier hilft dir oft das **Stammprinzip** weiter:

- Die meisten Wörter, die mit *ä* oder *äu* geschrieben werden, haben verwandte Wörter oder Wortformen, die mit *a* oder *au* geschrieben werden: *Hände – Hand, Läufer – laufen.*
- Einige Wörter schreibt man mit *ä* bzw. *äu*, auch wenn sie sich von keinem Wort mit *a* oder *au* ableiten lassen, andere schreibt man mit *e*, auch wenn es verwandte Wörter mit *a* gibt: *Säge, dämmern, schmecken ↔ Geschmack.*
- Für einzelne Wörter sind die Schreibweisen mit *e* oder *ä* erlaubt: *aufwendig / aufwändig.*

1   Suche zu jedem Wort mit *ä* oder *äu* ein verwandtes Wort.

a) prächtig   – die _____

b) die Wärme   – _____

c) die Fäuste   – _____

d) der Verkäufer – _____

e) schädlich   – _____

f) der Räuber   – _____

g) die Bäuerin   – _____

h) zählen   – _____

i) die Blässe   – _____

j) das Gräuel   – _____

ei oder ai?

- Bei Wörtern mit **ei** bzw. **ai** ist die Schreibung mit **ei** am häufigsten: *Bein, leise, Zeile.*
- Nur wenige Wörter werden mit **ai** geschrieben, sie lassen sich nicht ableiten. Auch alle Wörter dieser Wortfamilien werden mit **ai** geschrieben: *Kaiser, kaiserlich.*

2 **Gesucht sind Wörter mit *ai*. Löse das Rätsel.**

a) Ein Kind ohne Eltern
b) Ein Raubfisch
c) Bezeichnung für jemanden, der kein Fachmann ist
d) Eine Pflanze, aus der man auch Popcorn machen kann
e) Er ist noch mächtiger als der König
f) Ein Monatsname
g) Ein ganzes Brot bezeichnet man auch als ...
h) Eine Stadt in Norditalien
i) Ein Teil einer Gitarre
j) Eier von Amphibien, Fischen und Weichtieren

a) __ a i __ __
b) __ a i
c) __ a i __
d) __ a i __
e) __ a i __ __ __
f) __ a i
g) __ a i __
h) __ a i __ __ __ __
i) __ a i __ __
j) __ a i __ __

99

b oder p? d oder t? g oder k?

Die Konsonanten *b, d* und *g* werden in der Regel weich gesprochen, die Konsonanten *p, t* und *k* hingegen hart. Am Ende einer Silbe oder eines Wortes klingen *b, d, g* und *p, t, k* jedoch oftmals gleich. Hier hilft es, ein **verwandtes** Wort zu suchen oder das Wort zu **verlängern,** denn so kann man den Unterschied hören: *lie***b** *– Liebe, Wer***k** *– Werke, har***t** *– härter.*

3 *b / p, d / t* oder *g / k?* Verlängere erst die Wörter und setze dann richtig ein.

a) die Wan__   → die Wände

b) der Tra__   → _____

c) das Vol__   → _____

d) har__   → _____

e) die Opti__   → _____

f) der Schla__ → _____

4 Setze die fehlenden Konsonanten richtig in die Scherzfragen ein. Kennst du auch die Antworten?

a) Wer le__t von der Han__ in den Mun__? – _____

b) Wer hör__ alles un__ sag__ nichts? – _____

c) Was is__ schwerer: ein Kilo Fe__ern o__er ein Kilo __lei? –

_____

d) Wie viele Er__sen __assen in ein leeres Glas? – _____

e) Was is__ __eim Elefan__en __lein un__ beim Floh __roß? –

_____

5 Hier stimmt doch was nicht! Unterstreiche die Fehler, schreibe dann eine Wortform auf, bei der die Schreibung eindeutig ist (verlängern oder ein verwandtes Wort), und korrigiere das falsche Wort.

a) Der Stadtrad hat in seiner letzten Sitzung entschieden, dass das

   Windrat am Stadtrant errichtet werden kann.

   _____

   _____

   _____

b) Der Eigentümer hatte vorher den störunksfreien Betriep zugesichert.

   _____

   _____

c) Das lephafte Engagement des Junkunternehmers wurde gelopt.

   _____

   _____

   _____

d) Der Austauschschüler, der eine lange Autofahrd hinter sich hatte, bad

   die Gastfamilie, zunächst das Bat benutzen zu dürfen.

   _____

   _____

   _____

e) Er fühlte sich etwas gehemmd, weil sein Hemt total verschwitzt war.

   _____

   _____

f oder v oder ph?

- Beim gesprochenen f-Laut werden die meisten Wörter mit *F/f* geschrieben: *Feier, flüssig, helfen.*
- Die Wörter, die mit *V/v* geschrieben werden, sollte man sich gut einprägen: *Vater, viele, davon.*
- Wenige Wörter schreibt man mit *Ph/ph*. Diese Wörter sind Fremdwörter: *Pharao, Physik, phänomenal.*
  Manche darf man auch mit *F/f* schreiben; diese Schreibung ist oft die geläufigere: *Delfin/Delphin, Geografie/Geographie.*

6   In Wörtern mit *V/v* wird dieser Buchstabe manchmal wie *f* und manchmal aber auch wie *w* gesprochen. Trage die Wörter aus dem Wortspeicher in die richtige Spalte ein.

> Advent – brav – davon – Larve – nervös – Revolver – Vampir –
> Vater – Veilchen – Ventil – Verb – viele – Villa – Vogel

gesprochen wie f

_____

_____

_____

_____

_____

_____

_____

gesprochen wie w

_____

_____

_____

_____

_____

_____

_____

6. – 7. KLASSE

7 Den Wörtern mit *Ph / ph* fehlt die untere Worthälfte. Kannst du sie entziffern? Dann schreibe sie mit ihrem Artikel auf.

a) Phase _____

b) Pharao _____

c) Philippinen _____

d) Alphabet _____

e) Amphibie _____

f) Asphalt _____

g) Philosoph _____

h) Katastrophe _____

i) Phantom _____

j) Phänomen _____

8 Welche Fremdwörter mit *Ph / ph* aus der vorangehenden Übung sind gemeint? Setze sie ein.

a) Eine gespenstische Erscheinung: _____

b) Ein Unglück von großem Ausmaß: _____

c) Jemand, der stark nachdenkt und grübelt: _____

d) Ein Kriechtier, das sowohl im Wasser als auch auf dem Land leben

kann: _____

e) Titel der altägyptischen Könige: _____

f) Eine ungewöhnliche Erscheinung oder ein auffälliges Ereignis:

_____

x oder *ks / cks* oder *gs / chs*?

Für den gesprochenen x-Laut gibt es mehrere Schreibungen: *x, ks, cks, gs* und *chs*. Hier hilft manchmal die Wortfamilie: *Fax, Koks, Kle**cks** – kleckern, anfan**gs** – der Anfang.*

9 Löse das Rätsel. Gesucht sind Wörter mit x-Lauten.

Senkrecht:

a) Kleines Reptil mit vier Beinen

b) Kastriertes männliches Rind

c) Eine weibliche Verbeugung

d) An Wochentagen

e) Ein Brennstoff aus Steinkohle

f) Er gehört zur Familie der Hunde und gilt in der Fabel als schlau

Waagerecht:

g) Eine kleine Menge

h) Kleines Gebäck

i) Ein sehr scheues Tier mit einem schwarz-weiß gestreiften Kopf

j) An Sonntagen

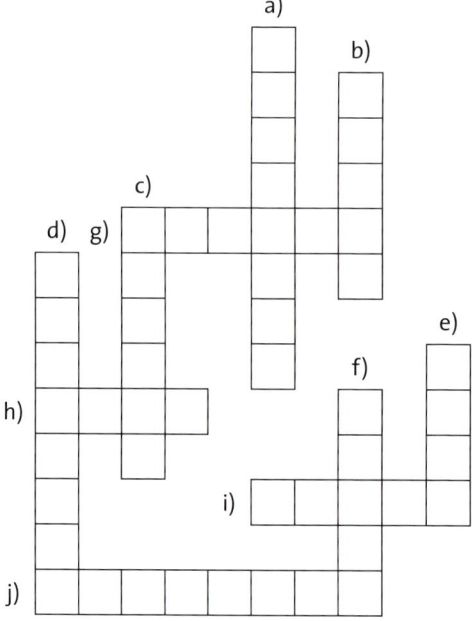

10 Markiere im folgenden Text alle Fehler und verbessere die Wörter auf den Linien am Rand.

Jonas hat mit seinem Vater eine Fahrrattour

gemacht. Er hat seine Rattasche gepagt,

sich seinen Hälm aufgesetzt und anfanx

kreftig in die Pedale getreten. Lessig hat er

die ersten 20 km gemeistert, aber zum

Schluss taten ihm doch die Hende weh,

weil der Lenker nicht richtig eingestellt war.

In der Jugentherberge, die auf dem Kaiser-

berk lag, hatte er es eilig, unter die Dusche

zu kommen und seine Fahrratkleidung, die

voller Staup war, zu waschen. Erst danach

ist er mit seinem Vater in eine Pizzeria ge-

gangen, die ekstragroße Pizzen anbot.

Nachts wäckte ihn das Schnarchen seines

Vaters, der einen ganzen Wald absegte.

Mit seinen Henden zog er an dessen Bett-

däcke und schon hörte das Gereusch auf.

5.2 Silben und Wörter

Die Adjektivendung: -ig, -isch oder -lich?

Die Endungen **-ig, -isch** und **-lich** sind manchmal schwer zu unterscheiden. Auch hier kann es helfen, das Wort zu verlängern oder ein Substantiv anzupassen: *schlampig – der schlampige Schüler.*

---

11 Finde jeweils ein passendes Substantiv zu den Adjektiven. Denke daran, dass du auch das Adjektiv verändern musst. Markiere dann die Adjektivendung.

a) nervig: _____

b) kindisch: _____

c) heimlich: _____

d) winzig: _____

12 Setze richtig ein: *-ig, -isch* oder *-lich?*

a) fried_____   **b)** herz_____   **c)** häss_____

d) großart_____   **e)** fürst_____   **f)** griech_____

g) klein_____   **h)** haar_____   **i)** prächt_____

13 Bilde aus den Substantiven durch Anhängen einer Nachsilbe Adjektive.

Heil – Angst – Verstand – Flocke – Glück – Rose –
Staub – Gemüt – Anstand – Kurve – Sport

_____

_____

_____

end oder *ent*? *and* oder *ant*?

- Die Vorsilbe ***End- / end-*** kommt von dem Wort *Ende* und drückt einen endgültigen Schlusspunkt aus. In allen anderen Fällen schreibt man als Vorsilbe ***Ent- / ent-:*** **End**zeit, **end**lich, **Ent**fernung, **ent**laden.
- Stehen ***-end / -ent*** bzw. ***-and / -ant*** als Nachsilben, dann kann man das Wort auch verlängern, um die richtige Schreibweise herauszufinden: *erschreck**end** – der erschreck**end**e Vorfall, der Präsid**ent** – die Präsid**ent**en, empf**and** – empf**and**en (empf**ind**en), der Mand**ant** – die Mand**ant**en.*

14 Setze die Substantive aus dem Wortspeicher mit der Vorsilbe *End-* zusammen und schreibe sie mit ihrem Artikel auf.

Ziffer – Spurt – Punkt – Produkt – Fassung – Runde – Spiel

_____

_____

_____

15 Setze die Verben mit der Vorsilbe *ent-* zusammen und schreibe sie auf. Bilde zu jedem Verb ein Substantiv.

	Verb	Substantiv
falten:	_____	– _____
ehren:	_____	– _____
eignen:	_____	– _____
lassen:	_____	– _____
decken:	_____	– _____
führen:	_____	– _____
werfen:	_____	– _____

6.–7. KLASSE

16   Setze richtig ein: *Ent- / ent-* oder *End- / end-?*

_____lich haben wir die Karten! Völlig _____nervt haben wir mehrere

Stunden Schlange gestanden. Das _____ergebnis sind zwei Konzertkarten

und zwei _____nervte Gesichter. An der _____losen Warteschlange sind

immer wieder Menschen mit _____geistertem Blick _____langgelaufen.

_____gegen aller Voraussagen hat es jedoch nicht geregnet. Zwischen-

durch hat sich meine Freundin aus der Schlange _____fernt, um etwas

zu essen zu holen. Erst nach einer Stunde hat sie eine Pommesbude

_____deckt und ist glücklich zurückgekommen. Allerdings waren

die Pommes, als sie _____lich bei mir ankamen, schon kalt. Deshalb

war ich etwas _____täuscht. Völlig _____setzt war ich jedoch über

den Preis: 3,50 €! Für das Geld bekomme ich in der Imbissbude, die an

der _____haltestelle meiner Straßenbahnlinie steht, mindestens das

Doppelte.

17   Füge ein: *-end / -and* oder *-ent / -ant?* Verlängere das Wort und entscheide dich dann für eine Schreibung.

a) der Konfirm_____   → _____

b) der Korrespond_____   → _____

c) entzück_____   → _____

d) der Inform_____   → _____

e) der Liefer_____   → _____

f) der Produz_____   → _____

18 Wie lautet das Wort? Kreuze die richtige Schreibung an.

a) ☐ Dividend   ☐ Divident   ☐ Dividand   ☐ Dividant

b) ☐ Absolvend   ☐ Absolvent   ☐ Absolvand   ☐ Absolvant

c) ☐ Spekulend   ☐ Spekulent   ☐ Spekuland   ☐ Spekulant

d) ☐ Gratulend   ☐ Gratulent   ☐ Gratuland   ☐ Gratulant

e) ☐ Referend   ☐ Referent   ☐ Referand   ☐ Referant

19 Setze richtig ein: *End- / end-* oder *Ent- / ent-? -end / -ent* oder *-and / -ant?*

Die _____täuschung war groß, als der Moderator die Gewinnerin des

Schauspielwettbewerbs bekannt gab. Die unterlegene Favoritin probte

den Aufst_____. Sie drohte damit, pik_____ zu werden und Details aus

dem Leben des Moderators auszuplaudern. _____gegen der weitläufigen

Meinung sei dieser nämlich nicht der nette Mann von nebenan, wie ein

Inform_____ ihr gesagt habe. Der verhielt sich jedoch _____spannt

und meinte, die _____scheidung sei ganz eindeutig für die Gewinne-

rin gefallen. Diese wiederum zeigte sich sehr erfreut, _____lich den

begehrten Preis in den Händen zu halten. „Nun habe ich mein _____ziel

erreicht", rief sie unter Tränen. „Das ist das _____gelt harter Arbeit!"

Da sprang die Gegnerin auf die Bühne und entw_____ der Gewinnerin

die Trophäe. Der Theaterintend_____ lief dazu und es entst_____ ein

Handgemenge, in dem der Intend_____ der Favoritin den Preis wieder

_____reißen konnte. Was für ein Abend!

6. – 7. KLASSE

seid oder **seit?**

- **Seid / seid** ist die Form des **Verbs sein** in der zweiten Person Plural:
  Seid ihr heute auch dabei?
- **Seit / seit** benutzt man, wenn es um eine **Zeitangabe** geht, die man mit
  seit wann? erfragen kann.
  Als Präposition leitet *seit* eine adverbiale Bestimmung der Zeit ein:
  Seit 20 Jahren ist er Schulleiter. (Probe: Seit wann ist er Schulleiter?)
  Als Konjunktion leitet *seit* einen temporalen Nebensatz ein: *Ihr geht es
  besser, seit sie Sport treibt. (Probe: Seit wann geht es ihr besser?)*

20   Kreise die richtige Schreibung ein: *seid* oder *seit?*

a) Wann seid / seit ihr fertig?

b) Meinen besten Freund kenne ich seid / seit fünf Jahren.

c) Seid / Seit ich dreimal die Woche laufe, ist meine Kondition super.

d) Ihr seid / seit meine besten Freunde.

21   Setze richtig ein: *seid* oder *seit?*

a) _____ wir wieder Schule haben, habe ich nicht mehr so viel Zeit

     für mein Hobby.

b) Ihr _____ wirklich eine lustige Truppe.

c) Sie geht zur Klavierstunde, _____ sie zehn Jahre alt ist.

d) Mein Vater warnt uns ständig: „_____ vorsichtig!"

e) _____ sie im Fußballverein ist, kennt

     jeder im Dorf ihren Namen.

f) Die Trainerin sagt, dass ihr

     ein starker Gegner _____.

6.–7. KLASSE

das oder dass?

Mit der **Ersatzprobe** findest du heraus, ob du *das* oder *dass* schreiben musst (↑ Kap. 4.2):

- **das** ist ein Artikel oder ein Pronomen und kann durch *dieses, jenes* oder *welches* ersetzt werden: **Das** Bild, **das** ich gemalt habe ... → **Dieses / Jenes** Bild, **welches** ich gemalt habe ...
- **dass** ist eine Konjunktion und leitet einen Nebensatz ein. Es ist nicht ersetzbar: *Ich hoffe,* **dass** *es dir gut geht.*

22 Setze richtig ein: *dass* oder *das, seit* oder *seid, end-* oder *ent-?*

Versunkene Legende

Niemand hätte damit gerechnet, _____ die Titanic, _____ größte Luxus-

schiff seiner Zeit, einmal sinken würde. Als sie 1912 endlich aus dem Hafen

auslief, verließ man sich auf die weitverbreitete Annahme, _____ sie

unsinkbar sei. Es _____sprach dem Denken der Zeit, _____ die Menschen

sich für unfehlbar hielten. _____ der Erfindung der Dampfschiffe glaubten

alle, _____ das Reisen auf dem Meer immer sicherer würde. _____lose

und ungewisse Reisen wurden nun planbar. Niemand hörte auf die Schiff-

bauer, die immer wieder warnten: „_____ vorsichtig!" Das Meer, _____

die Menschen schon immer begeisterte, war für sie nun ein Verkehrsweg

wie jeder andere. _____gegen allen Voraussagen kam es dann jedoch zu

einem so fürchterlichen Unfall. _____ seinem Sinken liegt der Schiffsriese

in 3800 Metern Tiefe. Er ist ein Wrack, _____ Forscher und Andenken-

sammler gleichzeitig anzieht. _____ die Titanic jemals gehoben wird,

ist sehr unwahrscheinlich.

war oder wahr?

Bei den Wörtern *war* und *wahr* muss man zur Unterscheidung auf die Bedeutung achten:

- **war** ist eine Verbform, nämlich die Vergangenheit des **Verbs sein:** *Gestern war ich im Zirkus.*
- **wahr** hat mit **Wahrheit** zu tun: *Ist das wahr, was du erzählst?*

23 *War / war* oder *Wahr / wahr?* Setze das fehlende *h* ein, falls nötig.

Mein Opa erzählt mir nie eine Geschichte, die wa__r ist. Gestern wa__r

er wieder einmal bei uns. Ich sagte zu ihm: „Opa, wie wa__r das, als du

jung wa__rst? Erzähle mir eine Geschichte, aber sag mir die Wa__rheit!"

Da fing er an: „Als ich jung wa__r, da wa__r ich ein berühmter Pirat.

Wa__rscheinlich wa__r ich sogar der berühmteste Pirat aller Zeiten.

Ich wa__r der Anführer von vielen anderen Piraten, und wir wa__ren

wa__rhaftig eine ziemlich wilde Mannschaft. Aber wir haben nichts

Schlimmes getan, wir wa__ren wie Robin Hood: Vielleicht haben wir

schon mal das ein oder andere geklaut, aber wir haben es von den Rei-

chen genommen und an die Armen verteilt. Ja, das wa__ren aufregende

Zeiten. Manchmal träume ich noch davon und wünschte, ich wäre noch

einmal jung."

Mein Opa schaute mich verträumt an. Ob er mir die Wa__rheit sagte?

Ich wa__r mir nicht sicher. Da streckte er seine Hand aus und streichelte

über meinen Kopf. An seinem Handgelenk hing ein Lederarmband mit

einem Totenkopf und einem kleinen Säbel.

wider oder wieder?

- Die Präposition **wider** drückt einen Gegensatz aus. Verbindungen mit *wider* werden zusammengeschrieben: *widersprechen (= sich gegen die Meinung eines anderen äußern).*
- Das Adverb **wieder** drückt in Verbverbindungen eine Wiederholung im Sinne von *erneut* oder *zurück* aus: *Wann wirst du wiederkommen?*

24 Benenne jeweils das Gegenteil und benutze dabei Wörter mit *ent-* oder *wider-*.

a) bekleiden ↔ _____

b) zugelaufen ↔ _____

c) sinnvoll ↔ _____

d) verseuchen ↔ _____

e) gerne ↔ _____

f) verhüllen ↔ _____

g) färben ↔ _____

h) Zustimmung ↔ _____

i) falten ↔ _____

j) spiegeln ↔ _____

k) belüften ↔ _____

l) rechtmäßig ↔ _____

m) verzaubern ↔ _____

n) einrollen ↔ _____

o) vergiften ↔ _____

p) Freund ↔ _____

7.–8. KLASSE

25 Setze richtig ein: *Wieder- / wieder-* oder *Wider- / wider-?*

a) die _____ wahl

b) das _____ sehen

c) _____ spiegeln

d) die _____ gabe

e) die _____ verwertung

f) _____ spenstig

g) der _____ sacher

h) der _____ hall

i) die _____ holung

j) der _____ stand

26 Setze die richtigen Verben ein.

a) wieder aufführen oder wiederaufführen?

Die Schulklasse wird ihr Theaterstück nach dem großen Erfolg

bestimmt _____ .

b) wieder stehen oder widerstehen?

Werden Sie der Versuchung _____ , alles auf

einmal erreichen zu wollen?

c) wieder bringen oder widerbringen?

Morgen werde ich dir alle Sachen _____ .

d) wieder fahren oder widerfahren?

Hoffentlich ist ihnen nichts Schlechtes _____ .

stadt oder statt?

- ■ Zusammengesetzte Wörter mit *Stadt / Städte* haben etwas mit der Bedeutung „größerer Ort" zu tun: *Hauptstädte*.
- ■ Wörter mit *statt / stätte* haben etwas mit der Bedeutung „Platz, Stelle" zu tun: *Ruhestätte*.

27 Bilde mit den Wortteilen zusammengesetzte Wörter mit *Stadt- / -stadt* oder *statt- / -statt* und sortiere sie in die Tabelle ein.

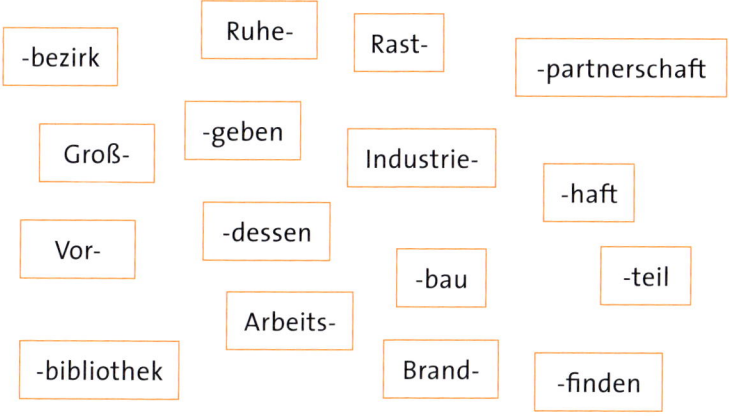

-bezirk	Ruhe-	Rast-	-partnerschaft
Groß-	-geben	Industrie-	-haft
Vor-	-dessen	-bau	-teil
-bibliothek	Arbeits-	Brand-	-finden

Stadt- / -stadt / Städte- / -städte   **statt- / -statt / -stätte**

_____ _____

_____ _____

_____ _____

_____ _____

_____ _____

_____ _____

_____ _____

_____ _____

Tod oder tot?

- **Tod** ist ein Substantiv (Nomen): *Der Tod trat nachts ein.*
  Zusammensetzungen mit Adjektiven werden meistens mit *tod-* gebildet:
  todkrank.
- **tot** ist ein Adjektiv: *Sie sind tot.*
  Zusammensetzungen mit Verben werden meistens mit *tot-* gebildet:
  totlaufen.

28 **Tod / tod oder Tot / tot?** Setze richtig ein.

a) Bis dass der _____ euch scheidet.

b) Er ist sein _____feind.

c) Die Maus stellt sich _____.

d) Ich fühle mich _____müde.

e) Da könnte ich mich _____lachen.

29 Streiche jeweils die falsche Schreibweise durch.

a) Du hast mich sehr endtäuscht / enttäuscht.
b) Wir kehren in eine Gaststädte / Gaststätte ein.
c) Der Mandand / Mandant des Rechtsanwalts kam zu spät.
d) Anstadt / Anstatt zu jammern, könntest du mit anpacken.
e) Meine Bücher leihe ich immer in der Stadtbibliothek / Stattbibliothek
   aus.
f) Er gibt ihm den Todesstoß / Totesstoß.
g) Unsere Gemeinde ist eigentlich schon ziemlich städtisch / stättisch.
h) Halte bitte Abstand / Abstant.

Homofone

Wörter, die gleich ausgesprochen, aber unterschiedlich geschrieben werden und jeweils eine andere Bedeutung haben, nennt man Homofone:
die Stelle (der Ort) – die Ställe (Plural von Stall).
In diesen Fällen sollte man genau auf die Bedeutung der Wörter achten – die richtige Schreibung muss man sich einprägen.

30 Die gerahmten Wortpaare unterscheiden sich in der Schreibweise nur durch ein Dehnungs-h voneinander, sie haben aber unterschiedliche Bedeutungen. Setze die passenden Wörter in die Sätze ein.

| dehnen – denen | Mahl – Mal | mahlen – malen |

| Wahl – Wal | wahr – war |

a) Wir nehmen unser _____ gemeinsam ein.

b) Die Jeans wird sich sicher noch _____.

c) Das _____ ein sehr schöner Tag!

d) Du kannst Oma ja ein Bild _____.

e) Der _____ ist ein Säugetier.

f) Gib _____ doch auch ein Stück Schokolade.

g) Getreide kann man zu Mehl _____.

h) Ist deine Geschichte auch _____?

i) Die _____ fiel auf den Bürgermeister.

31 Finde Homofone, die sich nur durch das Dehnungs-e nach dem *i* unterscheiden, und trage sie in das Rätsel ein.

a) Besen haben ihn, oft ist er braun und aus Holz: __ __ __ __ __

b) Bestandteil des Auges: __ __ __

c) Gesichtsausdruck („Sie hat eine traurige …"): __ __ __ __ __ __

d) Gesangsstück: __ __ __ __

e) Art zu schreiben („Der Autor hat einen guten …"): __ __ __ __

f) Ein Bergwerk: __ __ __ __

32 Setze die richtigen Wörter aus dem Wortspeicher in den Text ein.

> Hain – Hein – Laib – Leib – Saite – Seite – Waise – Weise

Das Mädchen im Sterntalermärchen war ein _____nkind.

Es hatte nichts als einen _____ Brot. Es lief durch einen

_____ und traf auf einen alten Mann, der _____

hieß. Dieser hatte eine ganz alte Gitarre bei sich, die nur noch drei

_____n hatte. Am _____ trug er nichts als ein

altes Hemd, das auf der linken _____ schon einige Löcher

hatte. Er sprach aber das Sterntalermädchen auf eine solch freundliche

_____ an, dass dieses Mitleid mit ihm bekam und ihm den

Rest von seinem Brot schenkte.

6 Fremdwörter

6.1 Fremdwörter aus dem Englischen und Französischen

Fremdwörter aus dem Englischen

Die Schreibung von Fremdwörtern, die nicht eingedeutscht sind, muss man sich gut einprägen. Bei Wörtern aus dem Englischen gibt es unterschiedliche Schreibweisen für einige Laute:

- wie ein deutsches *ä*: *Tr**a**ining, G**a**g*
- wie ein deutsches *ei*: *D**e**sign, H**igh**light, R**ecy**cling*
- ähnlich wie ein deutsches *au*: *S**ou**nd, C**ow**boy*
- wie ein deutsches *eu*: *B**oi**ler, B**oy**kott*
- wie ein deutsches *ie*: *T**ea**m, T**ee**nager*
- ähnlich wie ein deutsches *o*: *B**ow**ling, T**oa**st*

---

1 Setze die Fremdwörter aus dem Wortspeicher in die Sätze ein.

> Beefsteak – Volleyball – Sandwich – Team –
> Jeep – Training – Hockey

a) Im Sportunterricht spiele ich am liebsten _____

und _____.

b) Der _____ hat Allradantrieb und eignet sich

hervorragend für Touren im Gelände.

c) Ich bin sehr froh, dass ich in diesem _____ bin.

d) Zwei mit mehreren Schichten belegte Scheiben Weißbrot nennt man

auch _____.

e) Zur Feier des Tages essen wir heute Abend ein saftiges

_____.

f) Puh, das _____ war ganz schön hart!

2 Ergänze die Fremdwörter aus dem Englischen. Sie gehören zu Bereichen, in denen es besonders viele englische Wörter gibt.

a) Fremdwörter aus dem Bereich Jugend:

ch__ ll__n

die P__rt__

die Je____s

c____l

der Be__t

b) Fremdwörter aus dem Bereich Sport:

das T__am

das Tr____ni__g

das M____nta____bi__e

das Fo__l

die Fa__rne____

das Bod__buil_____g

das M____ch

c) Fremdwörter aus dem Bereich Technik:

der C__mp____er

das De____gn

der Co_____ter

onl__n__

der Do__nl____d

7.–8. KLASSE

3 Gesucht sind Fremdwörter aus dem Englischen oder Amerikanischen. Setze die Silben aus dem Wortspeicher zusammen und schreibe das Fremdwort mit Artikel jeweils neben seine Bedeutung.

> ager – boy – Break – by – cast – Cham – Chat – Ci – Cow –
> dance – Do – dog – Down – High – Hob – Hot – Jet – Joy – lag –
> light – load – nut – on – pi – Pod – room – stick – Teen – ty

a) Eine Freizeitbeschäftigung: _____

b) Weiches Brötchen mit Würstchen drin: _____

c) Innenstadt: _____

d) Berittener amerikanischer Rinderhirt: _____

e) Steuerhebel für Computerspiele: _____

f) Meister in einer Sportart: _____

g) Höhepunkt: _____

h) Radiobeitrag als Audiodatei aus dem Internet: _____

i) Bestimmte Tanzform, oft auf Hip-Hop: _____

j) Das Herunterladen von Daten: _____

k) Störung des biologischen Rhythmus aufgrund einer Zeitverschiebung:

   _____

l) Mensch zwischen 13 und 19 Jahren: _____

m) Virtueller Gesprächsraum: _____

n) Ringförmiges süßes Gebäckstück aus Hefeteig: _____

7.–8. KLASSE

Fremdwörter aus dem Französischen

Für Wörter aus dem Französischen gilt:

- Was wie ein deutsches *u* klingt, wird meistens **ou** geschrieben: *Tourist*.
- Was ähnlich wie ein deutsches *ä* klingt, wird *ai* geschrieben: *Saison*.
- Was wie ein deutsches *lj* oder *ij* klingt, wird **ill** geschrieben: *Medaille*.
- Was wie ein deutsches *ö* klingt, schreibt man *eu*: *Ingenieur*.
- Was wie ein stimmhaftes *sch* gesprochen wird, schreibt man vor *e* oder *i* als **g**: *Manege, Passagier*.

4 Löse das Kammrätsel. Gesucht sind Fremdwörter aus dem Französischen, die mit *ou* geschrieben werden.

a) Schaumartige Süßspeise, oft aus Schokolade oder Vanille
b) Ein kleiner Laden, in dem man die neueste Mode kaufen kann
c) Ein kleiner Ausflug
d) Jemand, der ein fremdes Land oder eine fremde Stadt besucht
e) Französisches Kugelspiel
f) Damit kann man die Fenster verdunkeln
g) Hindernisbahn, oft beim Pferderennen
h) Eine sehr schöne, breite Straße

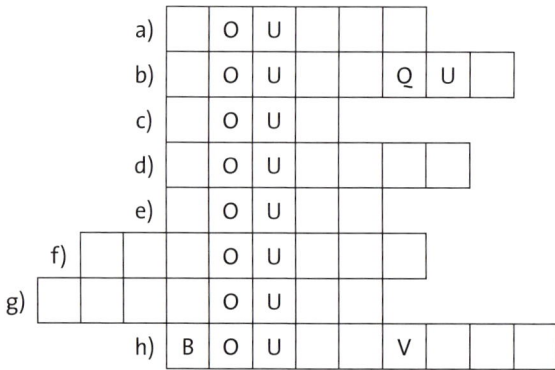

5 Ordne die Fremdwörter aus dem Französischen ihren Bedeutungen zu, indem du sie verbindest.

Routine	gerolltes Fleisch mit Füllung
Balance	Stockwerk
Accessoire	viel Erfahrung beim Ausüben einer Tätigkeit
Roulade	Gleichgewicht
Abonnement	modisches Zubehör zur Kleidung
Etage	regelmäßiger Bezug von Zeitungen

6 Korrigiere die Fehler, indem du das Wort richtig aufschreibst. Kreuze an, ob das Wort aus dem Englischen (E) oder aus dem Französischen (F) stammt.

		E	F
a) Schongße	_____	☐	☐
b) Bräkdänz	_____	☐	☐
c) Haileit	_____	☐	☐
d) Tie-Schört	_____	☐	☐
e) Iwent	_____	☐	☐
f) Gängwey	_____	☐	☐
g) Miljöh	_____	☐	☐
h) Babbelgamm	_____	☐	☐
i) Niwoh	_____	☐	☐
j) Sörviß-Peunt	_____	☐	☐
k) schonglieren	_____	☐	☐

7.–8. KLASSE

6.2 Fremdwörter aus anderen Sprachen

Fremdwörter aus dem Lateinischen und Griechischen

- Wörter, die aus dem Lateinischen stammen, finden sich oft in den Bereichen Wissenschaft, Kunst und Militärwesen. Häufig enden sie auf *-ion, -ant, -al, -ent, -us, -tät, -um* oder *-or: Division, Diktator.*
- Fremdwörter aus dem Griechischen stammen häufig aus den Bereichen Wissenschaft und Kultur. Oft enthalten sie die Buchstaben(kombinationen) *ph, rh, th* oder *y: Phänomen, Theorie.*

7 Welche Nachsilben fehlen den Wörtern aus dem Lateinischen? Hänge sie an.

a) die Addit_____

b) interess_____

c) die Diskuss_____

d) der Dokt_____

e) der Radi_____

f) konsequ_____

g) das Publik_____

h) ide_____

i) die Formali_____

j) das Studi_____

8 Welche Wörter aus dem Griechischen sind gesucht? Schreibe sie mit dem Artikel auf.

a) Albetpha: _____

b) Athepoke: _____

c) rannTy: _____

d) strophApo: _____

e) temSys: _____

f) maThe: _____

7.–8. KLASSE

Fremdwörter aus weiteren Sprachen und ihre Eindeutschung

Es gibt auch Fremd- und Lehnwörter aus dem
- Italienischen: *Cappuccino*.
- Arabischen: *Kaffee*.
- Japanischen: *Karate*.
- Chinesischen: *Taifun*.
- Indischen: *Dschungel*.

Fremdwörter, die in der deutschen Sprache sehr häufig benutzt werden, sind an die deutsche Schreibweise angepasst. Hier kann man sich oft aussuchen, ob man die ursprüngliche oder die eingedeutschte Schreibung bevorzugt: *Joghurt / Jogurt, Nougat / Nugat, Mikrophon / Mikrofon*.

9 Aus welcher Sprache kommen die Fremdwörter? Ordne sie richtig zu.

> Aquarell – Asphalt – Baldachin – Bibliothek – Damast – Geisha –
> Kamikaze – Kimono – Methode – Mokka – Parmesan – Sirup –
> Sushi – Sympathie – Tenor – Terrakotta

Arabisch: _____

_____

Griechisch: _____

_____

Italienisch: _____

_____

_____

_____

Japanisch: _____

_____

_____

_____

10 Wie kann man auch schreiben? Finde die eingedeutschte Schreibweise der unten stehenden Fremdwörter heraus, indem du die Silben aus dem Wortspeicher richtig zusammensetzt.

```
Dik – al – Jo – si – Sa – ten – ta – li – nä – mo – ße –
Port – ell –Po – fon – stan – ta – gra – ne – fie – fon –
ter – Ku – Fan – gurt – xo – zi – sie – So – lo – Brok –
fisch – Pan – sub – Bio – Tun – zi – Po – nee – ko – se
```

Cousine: _____ Phantasie: _____

Biographie: _____ Panther: _____

Thunfisch: _____ substantiell: _____

Joghurt: _____ Diktaphon: _____

Saxophon: _____ Potential: _____

Polonaise: _____ Portemonnaie: _____

Broccoli: _____ Sauce: _____

11 Nur eine Schreibung ist richtig. Welche? Kreise ein.

a) Apocalypse – Abokalypse – Apokalypse – Apokallypse

b) autentisch – authentisch – autenthisch – authentysch

c) Bouquet – Buket – Buquet – Bouquett

d) Chromosom – Cromosom – Chrumosom – Chrymosom

e) Gastronomi – Gasthronomie – Gastronomie – Gasttronomie

f) Komision – Kommission – Kommision – Commission

g) Paradontuse – Paradonntose – Parodontose – Pahradontose

Die Bedeutung von Wortbausteinen

Wortbausteine aus anderen Sprachen haben oft eine bestimmte Bedeutung.
Wenn man diese kennt, dann kann man sich die Bedeutung von Fremdwörtern herleiten:

- *bio:* das Leben betreffend.
- *fon / phon:* Laut, Ton, Stimme.
- *geo:* Erde.
- *mono:* allein, einzeln, einmalig.
- *mega:* groß, lang, mächtig, bedeutend.
- *poly:* mehr, oft, viel.
- *tele:* fern, weit.
- *graf / graph:* schreiben, aufzeichnen.

12 Finde im Buchstabengitter waagerecht und senkrecht zehn Wörter. Markiere
sie und schreibe sie auf.

C	G	K	M	K	B	I	O	G	R	A	F
I	E	O	N	J	P	B	I	O	T	O	P
M	O	G	G	E	O	M	E	T	R	I	E
E	S	G	M	V	L	N	N	W	L	T	H
G	P	G	O	S	Y	D	P	E	J	Y	M
A	H	K	N	E	F	T	T	N	D	S	W
L	Ä	M	O	N	O	G	R	A	M	M	E
I	R	Z	K	B	N	R	E	N	V	Q	Q
T	E	L	E	O	B	J	E	K	T	I	V
H	T	E	L	E	P	A	T	H	I	E	P

_____

_____

_____

13 Ordne fünf Wörter aus der vorangehenden Übung mithilfe der Wortbausteine ihren Bedeutungen zu.

a) Kameraaufsatz zum Fotografieren in

  die Ferne: _____

b) Raum, in dem die Gesteinskruste der Erde, die Wasser- und die Lufthülle

  aneinandergrenzen: _____

c) Vielstimmig, mehrstimmig:

  _____

d) Namenszeichen, das meistens aus dem Anfangsbuchstaben des Vor- und

  Nachnamens besteht: _____

e) Großer, schwerer Steinblock: _____

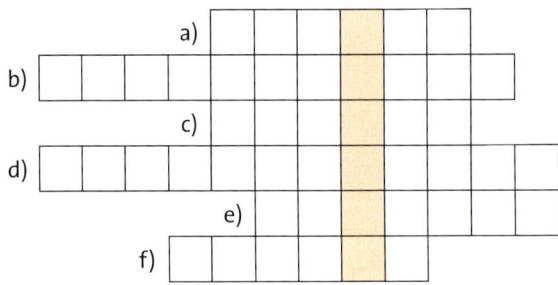

14 Trage das entsprechende Fremdwort ein. Als Lösung ergibt sich senkrecht das Wort für *Reise* auf Kisuaheli (ostafrikanische Sprache).

a) Dichtung, Dichtkunst
b) Rechtschreibung
c) Schreib- und Zeichenkunst, Schaubild
d) Stabreim
e) scherzhafte Umdichtung eines bekannten Texts
f) versteinerter Pflanzen- oder Tierrest

15 Es ist nicht einfach, Fremdwörter richtig zu verwenden. Dem Verfasser dieses Textes ist es leider nicht gelungen. Streiche die unpassenden Fremdwörter durch und ersetze sie jeweils durch ein passendes aus dem Wortspeicher.

> Realität – dokumentarisch – Distanzierung – ökonomisch –
> Pathos – Essay – Instabilität – kommentarlos

Die Epoche der „Neuen Sachlichkeit" _____

von 1920 bis 1935 – Ästhetik der Fakten _____

Mit einer kritischen Depilation von der utopisch- _____

idealisierenden Haltung und der gefühlsbetonten _____

Jumelage des Spätexpressionismus reagierte die _____

Kunst in den 1920er-Jahren auf die nüchterne _____

Depressivität der Weimarer Republik, die von _____

Inflation und politischer Balance geprägt war. _____

Zunächst ein Stilbegriff für die zeitgenössische _____

Malerei, bezeichnete „Neue Sachlichkeit" bald _____

auch innerhalb der Literatur die Bewegung, die _____

eine sachlich-objektive Darstellung der Wirklich- _____

keit anstrebte. Kollektiv und ohne Übertreibung _____

oder Beschönigung wurden die sozialen und _____

ökumenischen Verhältnisse sowie das Alltags- _____

und Arbeitsleben der Menschen in den Groß- _____

städten geschildert. Die Literatur verzichtete auf _____

formale Experimente und erhielt diskrepanten _____

Charakter. Die bevorzugten Gattungen der _____

„Neuen Sachlichkeit" waren die Reportage, der _____

kritische Effekt und der historische Roman. _____

8. KLASSE

Worttrennung

7.1 Silbentrennung

Wörter kann man am Zeilenende trennen. In der Regel trennt man sie so, wie sie sich bei langsamem Sprechen in Silben zerlegen lassen:

- Steht ein einzelner Konsonant zwischen zwei Vokalen, so kommt er in die nächste Zeile: *Ta-fel, schrei-ben*.
- Stehen mehrere Konsonanten zwischen zwei Vokalen, so steht der letzte von ihnen in der Regel in der folgenden Zeile: *Wet-ter, Part-ner*.
- Beginnt eine Nachsilbe mit einem Vokal, dann nimmt sie bei der Worttrennung den vorhergehenden Konsonanten mit in die nächste Zeile: *Leh-re-rin*.
- Die Konsonantenverbindungen **ch, ck** und **sch** werden nicht getrennt: *Be-cher, le-cker, Fla-sche*.
- Ein einzelner Vokal am Wortanfang oder -ende wird nicht abgetrennt. Manche Wörter sind deshalb nicht trennbar: *oben, Trio*.
- Im Wortinneren darf ein einzelner Vokal abgetrennt werden: *The-a-ter*.

1   Schreibe die Verben mit der richtigen Worttrennung auf.

a) lachen   →   *la - chen*

b) laufen   →   *lau - fen*

c) singen   →   *sing - gen*

d) tanzen   →   *tan - zen*

e) rascheln   →   *ra - scheln*

f) rechnen   →   *rech - nen*

g) aussteigen   →   *aus - stei - gen*

h) berichtigen   →   *be - rich - ti - gen*

i) aufstehen   →   *auf - ste - hen*

Zusammengesetzte Wörter

- Zusammengesetzte Wörter und Wörter mit Vorsilben werden nach ihren Bestandteilen getrennt: *Diens-tag, be-stimmt*.
- Manche Wörter gelten nicht mehr als zusammengesetzt und können deshalb auch nach Sprechsilben getrennt werden: *hi-nauf* oder *hin-auf*.
- Wenn Worttrennungen den Leseablauf stören oder den Wortsinn entstellen, dann sollte man diese meiden. Sie sind jedoch nicht falsch: *Spar-gelder* statt *Spargel-der*.

2 Gesucht sind Wörter mit drei Silben. Löse das Rätsel.

> Ap – di – en – fel – Gar – Ita – ler – li – Luft –
> nen – pel – Pro – saft – ser – schlös

a) Anderes Wort für Vorhänge: _Gar - di - nen_

b) Antriebsschraube bei Flugzeugen: _Pro - pel - ler_

c) Land in Südeuropa: _Ita - li - en_

d) Träume, Wunschvorstellungen: _Luft - schlös - ser_

e) Ein Fruchtgetränk: _Ap - fel - saft_

3 Setze die Nachsilben *-ig* bzw. *-isch* ein und trenne die Wörter richtig.

a) art _ig_ → _____

b) geiz _ig_ → _____

c) blum _ig_ → _____

d) traur _ig_ → _____

e) italien _isch_ → _____

f) wähler _isch_ → _wäh lerisch_

g) verräter _isch_ → _ver - rät - lerisch_

4 Hier sind die Silben verrutscht. Setze die Wörter richtig zusammen und schreibe sie mit ihrem Artikel auf.

a) Ba-nen-chen-na-ku   _____

b) Bü-schrank-cher   _____

c) lam-Tisch-pe   _____

d) ten-Win-gar-ter   _____

e) The-a-stück-ter   _____

f) Zu-ge-cker-bäck   _____

g) Diens-vor-tag-tag-mit   _____

5 Welche Buchstaben fehlen im Wortinneren? Setze richtig ein.

a) die Ei-_____-frau

b) die Müll-_____-ne

c) der Glücks-_____-ger

d) der Ni-_____-laus

e) die Schul-_____-sche

f) das Erd-_____-ben

g) das Hams-_____-rad

h) die Tisch-_____-cke

i) das Ta-_____-geld

j) der Ent-_____-cker

6 Setze die zehn falsch getrennten und durcheinandergeratenen Wörter wieder zusammen. Zeichne dabei die richtigen Trennungsstellen ein.

Top-   schen   bis-   tamtlich

Os-   Ve-   schwetter

ließen

Mat-   haup-   anda

flappen

Ver-   Tei-

lerfolg   teignung

versch-   En-

ränderung   talpen

_____   _____

_____   _____

_____   _____

_____   _____

_____   _____

7 Auf welche Weise trennt man das Wort am besten? Kreuze an.

a) Urinstinkt: ☒ Ur-instinkt   ☐ Urin-stinkt

b) aberkennen: ☐ aber-kennen   ☒ ab-erkennen

c) Analphabet: ☐ Anal-phabet   ☒ An-alphabet

d) vorbauen: ☐ vorbau-en   ☒ vor-bauen

e) beinhalten: ☐ bein-halten   ☒ be-inhalten

8 Trenne alle Wörter in der folgenden Fabel, indem du senkrechte Trennungs-
striche einfügst.

Das Rebhuhn und die Hühner

Ein Hühnerfreund kaufte ein Rebhuhn, um es in
seinem Hof mit seinem anderen Geflügel laufen zu
lassen. Doch die Hühner bissen das Rebhuhn und
trieben es immer von der Nahrung weg. Das tat
dem Tier sehr weh. Das Rebhuhn glaubte, diese
Behandlung geschähe ihm recht, weil es ein fremdes
Tier sei. Betrübt zog es sich in eine Ecke zurück.

Bald aber sah das Rebhuhn, dass sich die Hühner
untereinander genauso bissen. Dies tröstete das
Rebhuhn und es sprach zu sich: „Wenn diese
schlechten Tiere Feindseligkeiten sogar gegen sich
selbst ausüben, dann werde ich wohl eine solche
Behandlung gleichgültig ertragen können."

Merke: Geiz und Missgunst sind die größten Feinde
des Friedens.

5.–6. KLASSE

7.2 Fremdwörter

Silbentrennung

- Auch Fremdwörter trennt man prinzipiell so, wie sie sich in Sprechsilben zerlegen lassen. Es gelten die gleichen Regeln wie für deutsche Wörter: *Jour-na-list, Ma-na-ger.*
- Ein einzelner Vokal am Wortanfang oder -ende wird nicht abgetrennt. Dasselbe gilt für Teile von Zusammensetzungen, die klar erkennbar sind: *Eta-ge, bio-lo-gisch.*
- Die Konsonantenverbindungen *th* und *ph* werden nicht getrennt: *Ma-the-ma-tik, Phi-lo-so-ph*ie.

9 Gesucht sind Fremdwörter mit drei Silben. Schreibe sie mit der richtigen Trennung auf.

> ad – Apo – Bio – cyc – die – Fo – fon – ge – graf –
> Ja – ke – ling – lo – lou – mi – nent – pa – pro –
> Re – ren – Sa – sie – Sym – the – thie – to – xo

a) Blasinstrument aus Metall: _____

b) Sehr bekannt: _____

c) Wissenschaftler, der sich mit Lebewesen beschäftigt: _____

d) Anderes Wort für Rollladen: _____

e) Wiederverwertung zur Einsparung von Rohstoffen: _____

f) Jemand, der beruflich Lichtbilder erstellt: _____

g) Zusammenzählen: _____

h) Zuneigung: _____

i) Dort gibt es Medikamente: _____

Zeichensetzung

8.1 Satzschlusszeichen

Am Ende eines Satzes steht ein **Satzschlusszeichen.** Der folgende Satz beginnt wieder mit einem Großbuchstaben. Dadurch wird ein Text übersichtlicher und leichter lesbar.

- Ein **Punkt** steht am Ende eines abgeschlossenen und vollständigen Satzes, der aus mindestens einem Subjekt und einem Prädikat bestehen muss: *Er trinkt eine Tasse Kaffee.*
  Achtung: Überschriften schließen nie mit einem Punkt!
- Mit einem **Ausrufezeichen** werden Ausrufe, Aufforderungen, Befehle und auch Anreden abgeschlossen: *Trink doch erst mal einen Kaffee!*
- Ein **Fragezeichen** steht am Ende eines Fragesatzes. Es gibt Fragen, die mit einem Fragewort beginnen, und sogenannte Entscheidungs- oder Satzfragen, die sich durch ihre Wortstellung von einem Aussagesatz unterscheiden: ***Wer*** *möchte einen Kaffee trinken?* ***Möchtest*** *du einen Kaffee trinken?*

1 Tarek und Ben unterhalten sich. Welche der folgenden Sätze sind Fragen? Unterstreiche sie. Ergänze alle fehlenden Satzschlusszeichen.

a) T: „Wo warst du gestern__" – B: „Hast du mich gesehen__"

b) T: „Wie alt ist sie__" – B: „Das geht dich gar nichts an__" –

   T: „Jetzt sag schon__"

c) T: „Wer war das__" – B: „Das sage ich dir doch nicht__"

d) T: „Bist du sauer__" – B: „Warum fragst du__" –

   T: „Ich meine nur so__"

e) B: „Jetzt lass den Kopf nicht so hängen__" – T: „Bei mir hängt nichts__" –

   B: „Es sieht aber gerade anders aus__"

2 Schreibe den Text ab. Setze dabei nach jedem vollständigen Satz ein passendes Satzschlusszeichen. Denke an die korrekte Schreibung der Satzanfänge.

SCHENKEN SIE UNS FÜNF MINUTEN AUFMERKSAMKEIT ES GEHT UM DIE SICHERHEIT IHRER KINDER IMMER MEHR KINDER STERBEN IM STRAßEN-VERKEHR DAS MUSS NICHT SEIN WOLLEN SIE NOCH LÄNGER TATENLOS ZUSEHEN DURCH GESCHWINDIGKEITSBEGRENZUNGEN KÖNNTEN VIELE UNFÄLLE VERMIEDEN WERDEN WIR ELTERN SETZEN UNS DAFÜR EIN MACHEN AUCH SIE BEI UNSERER AKTION MIT

_____

_____

_____

_____

_____

_____

_____

_____

_____

_____

3 Stelle zu den Antworten die passende Frage.

a) _____ – Ich komme gegen drei Uhr.

b) _____ –

Ja, ich lese momentan ein Buch mit „Harry Potter".

c) _____ – Nein, ich schlafe noch nicht.

d) _____ – Das ist mein Mathelehrer.

5. KLASSE

4 **Setze im Text die fehlenden Satzschlusszeichen.**

Gullivers Reise nach Liliput (nach Jonathan Swift)

Das Schiff fuhr nach Ostindien und ich hatte als Arzt nicht viel zu tun__

Doch eines Nachts gerieten wir in einen fürchterlichen Sturm__ Welch

ein Unwetter zog über uns her__ Nach mehreren Tagen Kampf gegen die

Naturgewalten zerbrach die „Antilope" und versank__ Was sollte jetzt aus

mir werden__ Ich trieb ohne Hoffnung auf Rettung allein auf den Wellen

durch die dunkle Nacht__ Da, plötzlich fühlte ich Grund unter meinen

Füßen__ Wo war ich__ Ich stolperte durch den nassen Sand und betrat

festen Boden__ Nirgends sah ich Zeichen menschlichen Lebens__ Nun,

fürs Erste war ich gerettet__ Beruhigt schlief ich ein__ Am nächsten

Morgen wollte ich mich wohlig in der warmen Sonne rekeln__ Doch

was war das__ Ich konnte mich nicht bewegen__ Jetzt wollte ich

mich aufsetzen__ Es misslang__ Noch nicht einmal den Kopf konnte

ich bewegen__ Was war in der Nacht geschehen__ Mit langsamen Bewe-

gungen versuchte ich, den Kopf aus seiner seltsamen Starre

zu befreien__ Nach Verlust mehrerer

Haare konnte ich den Kopf wenigstens

so weit bewegen, dass ich an mir

herunterschauen konnte__ Ich war

 von Kopf bis Fuß gefesselt__

Doch wer hatte dieses Kunststück

vollbracht__

8.2 Komma bei Aufzählungen

Aufzählungen mit und ohne Konjunktionen

Ein **Komma** trennt die **Glieder einer Aufzählung** von Wörtern und Wortgruppen voneinander ab: *Joggen macht Spaß, hält fit, fördert die Ausdauer, ist ein günstiges Hobby.*
Eine Besonderheit gibt es bei der Reihung von **Adjektiven:** Wenn sich das erste Adjektiv weniger auf das Substantiv als auf das zweite Adjektiv bezieht, steht kein Komma: *Zum Joggen trage ich mein **neues schwarzes** Shirt. (Und nicht mein altes schwarzes Shirt.)*

Bei der Verwendung von **Konjunktionen** gilt:
- Es steht **kein Komma,** wenn die Glieder mit den anreihenden Konjunktionen *und, oder, sowie, entweder – oder, sowohl – als auch, weder – noch* verbunden sind: *Joggen macht Spaß **und** hält fit. Es fördert die Ausdauer **sowie** die Fettverbrennung **und** ist ein günstiges Hobby.*
- Sind die Glieder mit entgegenstellenden Konjunktionen wie *aber, jedoch, doch, sondern* verbunden, wird ein **Komma** gesetzt: *Joggen macht Spaß, **aber** es ist anstrengend.*

5 Setze alle fehlenden Kommas.

a) Auf dem Markt gibt es Fisch Fleisch Gemüse und Obst.

b) Der Fischverkäufer bietet wenige große und viele kleine Fische an.

c) Bei der älteren Frau kann man Kopfsalat Salatgurken Pfirsiche Paprika sowie Kürbis kaufen.

d) Am benachbarten Stand gibt es verschiedene Wurstsorten: Sowohl Grillwürste als auch Schinken Leberwurst oder Salami sind dort zu haben.

5.–6. KLASSE

139

6 Finde im Wortspeicher die passenden Wörter oder Wortgruppen und setze sie in den Satz ein. Achte hierbei auf die richtige Kommasetzung.

> Apfelsaft – blau – Deutsch – Englisch – einen Bastelkurs buchen –
> einen Bauernhof besuchen – essen Bananen – gelb –
> Gedichte vortragen – Geschenke auspacken – heiße Milch mit
> Schokolade – Kirschsaft – klettern – Mathematik – musizieren –
> Orangensaft – rot – singen – springen – wandern gehen

a) Gefällt dir _____ _____ oder _____

   für das Matheheft besser?

b) Heute stehen _____ _____

   und _____ auf dem Stundenplan.

c) Anna trinkt alles: _____

   _____ und

   _____ sowie

   _____ .

d) Die Affen im Zoo _____

   _____ und

   _____ .

e) An Weihnachten werden wir ebenso

   _____

   _____ und

   _____ wie auch

   _____ .

f) Im Urlaub können wir _____

   _____

   oder _____ .

7 Schreibe anhand der Stichwörter in einem ganzen Satz auf, welche Zutaten man für einen Biskuitrollenteig benötigt. Achte auf die richtige Kommasetzung.

> **Zutaten für einen Biskuitrollenteig:**
> 4 Eier – 150 g Zucker – eine Prise Salz –
> 2 Esslöffel warmes Wasser – 100 g Mehl –
> 2 Teelöffel Backpulver – 2 Päckchen Vanille-Puddingpulver

_____

_____

_____

_____

_____

8 Entscheide, ob ein Komma zwischen die Aufzählungen der hervorgehobenen Adjektive gesetzt werden muss.

Kleine quirlige Kinder laufen meist zu schnell über die Straße.

So geschah letzte Woche ein Unfall in Heustadt, wo zwei unvorsichtige

Vierjährige die unübersichtliche alte Hauptstraße überqueren wollten.

Ohne auf den Verkehr zu achten, rannten sie los, weil sie auf der anderen

Straßenseite ein weißes süßes und kleines Kaninchen sahen. Der gera-

de vorbeifahrende Autofahrer konnte nicht mehr rechtzeitig bremsen,

sodass die Kinder mit schweren schmerzenden und langwierigen Ver-

letzungen ins Krankenhaus gebracht werden mussten.

Der behandelnde junge Arzt geht davon aus, dass die Kinder erst in

sechs bis acht Wochen wieder entlassen werden können.

9 **Komma oder nicht? Setze es, falls nötig.**

a) Gib mir bitte das kleine__ rote Heft, nicht das große__ rote Heft.

b) Wir hätten gerne rote__ blaue__ und gelbe Heftumschläge, nicht

grüne__ und weiße.

c) Wir nehmen besser den neuen__ großen Schlitten mit, nicht den

alten__ großen Schlitten.

d) Ich entscheide mich für den jungen__ holländischen Käse. Dieser

schmeckt sicher besser als der alte__ holländische Käse.

10 **Überlege dir eigene Aufzählungen. Setze das Komma richtig und verbinde die letzten Wörter oder Wortgruppen mit einer Konjunktion.**

a) Im Spaßbad können wir _____

_____

_____

b) Bei der Auswahl der Bücher entscheiden wir uns zwischen _____

_____

_____

c) Diese Eissorten mag ich am liebsten: _____

_____

_____

8.3 Komma zwischen Sätzen

Satzreihe und Satzgefüge

- Ein Komma trennt **Hauptsätze,** die ohne eine Konjunktion aneinandergereiht werden, voneinander ab. Man spricht dann von einer **Satzreihe:** *Pia spielt Fußball, Tim geht shoppen, Hannes bleibt lieber zu Hause.* Einen Hauptsatz erkennst du daran, dass er alleine stehen kann und die Personalform des Verbs meist an zweiter Satzgliedstelle steht.
- Zwischen **Hauptsatz und Nebensatz** steht immer ein Komma. Man nennt dies auch **Satzgefüge:** *Tim spielt nicht mit dem Computer, weil er keine Lust dazu hat.* Ein Nebensatz kann nicht alleine stehen. Er wird mit einer Konjunktion eingeleitet, die Personalform des Verbs steht an letzter Satzgliedstelle.

11 Unterstreiche in dem Text alle Hauptsätze farbig.

Eine Stadtmaus ging einmal spazieren, als ihr eine Feldmaus begegnete. Die Feldmaus gab der Stadtmaus gerne von ihren Vorräten ab. Weil die Feldmaus aber nur Früchte besaß, lud die Stadtmaus sie zu einem Besuch bei ihr ein. Ihre Speisekammer war voll mit herrlichen Speisen. Es gab Brot, Schinken, Speck und allerlei mehr. Da kam aber der Besitzer der Kammer herein und die Mäuse suchten vor Angst ein Versteck. Die Stadtmaus floh in ihr Mäuseloch. Da die Feldmaus sich aber nicht auskannte, fand sie kein Versteck und wäre beinahe umgekommen. Danach wollte die Feldmaus schnell wieder nach Hause. „Bleibe du ruhig eine feine Stadtmaus. Ich will ein armes Feldmäuschen bleiben und meine Eicheln und Nüsse essen. Hier in der Stadt fühle ich mich nicht sicher, weil es überall Gefahren gibt. Allein auf dem Land bin ich frei und sicher in meinem Feldlöchlein.“

5.–6. KLASSE

Kommasetzung bei Konjunktionen

- Sind zwei Sätze mit einer **anreihenden Konjunktion** *(und, oder, sowohl – als auch)* verbunden, muss **kein Komma** stehen, man darf es aber setzen: *Ich lese gerne Märchen(,) und ich mag Fantasyromane.*
- Sind zwei Sätze mit einer **entgegensetzenden Konjunktion** *(aber, doch, jedoch …)* verbunden, muss man ein **Komma** setzen: *Ich lese gerne Märchen, aber Fabeln mag ich lieber.*

12 Entscheide, ob ein Komma zwischen den Sätzen stehen muss. Setze Kann-Kommas in Klammern.

a) Bis wir uns wiedersehen__ werde ich jeden Tag an dich denken.

b) Ich denke an dich__ und wir sehen uns bestimmt wieder.

c) Wir treffen uns in Hamburg__ oder wir sehen uns in Berlin wieder.

d) Das erste Mal sahen wir uns in Hamburg__ das nächste Mal trafen wir uns in Berlin.

e) Obwohl ein Urlaub geplant war__ blieben sie doch lieber zu Hause.

13 Füge alle notwendigen Kommas ein. Kann-Kommas setzt du in Klammern.

a) Am Freitag machen wir in der Schule eine Lesenacht ich freue mich schon sehr darauf.

b) Jeder soll sein Lieblingsbuch mitbringen und wir stellen es dann der Klasse vor.

c) Eigentlich ist mein Lieblingsbuch „Emil und die Detektive" aber das werde ich nicht vorstellen.

d) Manche Schüler finden das Buch kindisch ich will mich nicht blamieren.

Relativsatz

Der Relativsatz ist ein **Nebensatz,** der durch ein Relativpronomen (z. B *der, die, das, wer, was*) eingeleitet wird. Das Relativpronomen stellt eine Beziehung zu einem Wort (oft einem Substantiv) im übergeordneten Satz her. Relativsätze werden mit Komma abgetrennt: *Das Fahrrad*, **das** *dort steht*, *gehört mir.*

14 Setze jeweils das passende Relativpronomen ein.

a) Der Leguan, _____ aus Südamerika kommt, ist eine Echse.

b) Sie fuhr in einer Kutsche, _____ schwarz angestrichen war.

c) Das Diktat, _____ wir geschrieben haben, war nicht so schwer.

d) Mir gefällt der Ring, _____ du mir geschenkt hast.

15 Verbinde die beiden Sätze, indem du ein Relativpronomen benutzt. Setze die Kommas richtig.

a) Dein neues Fahrrad gefällt mir. Es fährt sicher sehr schnell.

_____

_____

b) Der Papagei kann sprechen. Er ist sehr teuer.

_____

_____

c) Meinen neuen Füller benutze ich sehr gerne. Ich habe ihn zum

Geburtstag bekommen.

_____

_____

6.–7. KLASSE

16 Stelle die Sätze so um, dass der Nebensatz in der Mitte des Satzgefüges steht. Setze die Kommas richtig.

a) Ich komme heute Abend mit ins Kino, obwohl mich der Film nicht interessiert. _____

_____

b) Vielleicht kann ich meine Freunde auch zu einem anderen Film überreden, sobald wir im Kino sind. _____

_____

_____

17 Hier fehlen acht Kommas. Setze sie an die richtige Stelle.

Heute war so ein richtig verflixter Morgen. Nachdem ich mich aus dem Bett gequält hatte rutschte ich auf der Fußmatte aus. Ich rappelte mich hoch und hinkte ins Bad das wie immer besetzt war. Meine Schwester! Damit sie ja auch schön genug ist steht sie immer eine halbe Stunde früher auf und nimmt das Badezimmer in Beschlag. Wirklich klasse! Wenn sie dann endlich fertig ist kann man das Bad erst einmal nicht betreten weil sich eine riesengroße Duftwolke darin ausgebreitet hat. Ich trat also gegen die Tür um mich wenigstens bemerkbar zu machen. Und wie ich meiner Wut so freien Lauf ließ durchfuhr mich ein stechender Schmerz: mein großer Zeh! Ich musste ihn angeknackst haben. Nachdem ich langsam zurück ins Bett gehumpelt war zog ich mir die Decke über den Kopf. Hier kriegt mich keiner mehr raus.

Infinitivgruppen

Infinitivsätze bzw. Infinitivgruppen werden mit dem **Infinitiv** und *zu* gebildet:
*Ich glaubte **zu träumen.***
Bei einer Infinitivgruppe steht ein **Komma,**
- wenn sie mit *als, (an)statt, außer, ohne* oder *um* eingeleitet wird:
  *Ich werde besser handeln, **anstatt** noch länger **zu warten.***
- wenn sie von einem **Substantiv** (Nomen) abhängt:
  *Er bereute den **Plan,** nach Rom **zu reisen.***
- wenn sie durch ein **hinweisendes Wort** angekündigt oder wieder aufgenommen wird: ***Es** ist ihr großer Wunsch, Schauspielerin **zu werden.***
  *Schauspielerin **zu werden, das** ist ihr größter Wunsch.*
In allen anderen Fällen muss man kein Komma setzen, man darf es aber, um den Satz deutlicher zu gliedern: *Ich hoffe(,) dich bald **zu sehen.***

---

18 **Muss oder kann das Komma gesetzt werden? Kreuze an. Wenn du alles richtig gemacht hast, dann ergibt sich ein Lösungswort.**

	muss	kann
a) Um seine Einkäufe abzustellen, blieb er stehen.	☐ (K)	☐ (L)
b) Wir empfehlen allen, das Buch zu kaufen.	☐ (I)	☐ (O)
c) Es war richtig, ganz schnell wegzulaufen.	☐ (M)	☐ (H)
d) Ich werde nicht gehen, ohne mich zu verabschieden.	☐ (M)	☐ (R)
e) Sie hofften, viel zu erleben.	☐ (G)	☐ (A)

Lösungswort: _____

19 **Setze die fehlenden Kommas; setze diejenigen Kommas in Klammern, die stehen können, aber nicht stehen müssen.**

a) Sie rechnet fest damit zum Geburtstag eine DVD zu bekommen.

b) Eine tolle Party feiern zu können ist ihr großer Traum.

c) Sie hofft von ihren Eltern nicht allzu sehr gestört zu werden.

Partizipgruppen

Um einen **Partizipialsatz** zu gliedern, kann man die Partizipgruppe mit Komma abtrennen: *Soeben vorgefahren(,) stand er bereits in der Tür.*
Werden Partizipgruppen jedoch mit einem **hinweisenden Wort** angekündigt oder sind sie als **nachgestellter Zusatz** anzusehen, muss ein Komma stehen:
So, schimpfend und fluchend, verließ er das Haus.
Sie stand immer noch da, ihn beobachtend.

20 Setze nur die Kommas, die stehen müssen.

a) Sie hat einige Jungen eingeladen und allzu neugierige Eltern würden da doch nur hinderlich sein.

b) Vor lauter Vorfreude ganz aufgeregt so erwartet sie ihre Gäste.

c) Sie öffnet ihren Freundinnen die Tür glücklich und freudestrahlend.

d) Kaum angekommen tanzen schon alle zur Musik.

21 Finde jeweils ein hinweisendes Wort (bzw. eine Wortgruppe), mit dem die Partizip- bzw. Infinitivgruppe angekündigt wird. Setze dann das Komma richtig ein.

a) _____ steht der Name von guter Qualität zu sein.

b) _____ ging er dahin geheilt und ohne Beschwerden.

c) _____ lief er vor ihnen davon um schnell zu entkommen.

d) _____ wie sie es sich vorgestellt hatte.

8. KLASSE

22 In dem Text über Indianerbücher fehlen alle Kommas. Setze sie richtig.

Bücher über die Lebensweise die Kultur und das Land der Indianer werden zusammenfassend als Indianerbücher bezeichnet. Sie wurden von Schriftstellern weißer Hautfarbe verfasst und entstanden ab dem 17. Jahrhundert als sich Missionare und Wissenschaftler mit den Lebensumständen und Gebräuchen der Indianer vertraut machten. Zu den berühmtesten viel gelesenen Indianerbüchern zählen die 1823 bis 1841 erschienenen „Lederstrumpf"-Romane von James Fenimore Cooper. Im 19. Jahrhundert entstanden dann viele Indianerbücher in denen sich die Anteilnahme am Kampf der Indianer gegen die weißen Eroberer ausdrückte. Dargestellt wurden v. a. die blutigen grausamen Auseinandersetzungen zwischen den Indianern Nordamerikas und den weißen Siedlern die als Eroberer in die Prärie gekommen waren. Solche Indianerbücher waren meist als unterhaltsame Reise- und Abenteuerromane verfasst die über die Bräuche der Indianer informierten die Lebenssituation aber oft idealisierten verherrlichten und nur ein unzureichendes Bild von den Auseinandersetzungen vermittelten. Im 20. Jahrhundert erschienen dann vorwiegend historische und völkerkundliche Indianerbücher. Die Indianerliteratur als Literatur der indianischen Bevölkerung dagegen umfasst die überlieferten Erzählungen die zumeist mündlich weitergegeben werden sowie die Gesänge der Indianerstämme.

23 Unterstreiche in den folgenden Sätzen die erweiterten Infinitive. Schreibe die Sätze dann mit der richtigen Kommasetzung in dein Übungsheft.

a) Anstatt konzentriert zu arbeiten schaut Henry lieber nach seinen E-Mails oder spielt ein Computerspiel.

b) Der Einbrecher wurde bei dem Versuch die Balkontür aufzuhebeln vom Hausbesitzer überrascht.

c) Es macht unserem Hund sichtlich Freude jedem geworfenen Stock hinterherzulaufen.

d) Der Kellner balanciert das Tablett ohne etwas zu verschütten die steile Treppe hinauf.

e) Man sollte stets bemüht sein seine Leistungen in der Schule zu verbessern das sage ich dir als dein Freund.

f) Deinem Plan mit dem Fahrrad quer durch Europa zu fahren kann ich nur widersprechen.

g) Hermann der Cherusker und seine germanischen Krieger schlugen die Römer im Teutoburger Wald anstatt vor der Übermacht zu fliehen.

h) Einfach die Schule zu schwänzen dazu hast du kein Recht.

i) Deinen Grundsatz bei Klassenarbeiten niemals zu mogeln kann ich nur rühmen.

j) Ich habe darauf gewartet die Sonne aufgehen zu sehen.

k) Immer die richtige Entscheidung zu treffen das ist gar nicht so einfach.

l) Ich habe den festen Vorsatz heute trotz des Fußballspiels nicht zu spät ins Bett zu gehen.

m) Lotta geht in den Keller um frische Marmelade zu holen.

n) Der Kater Kasimir kann es nicht lassen beim Essen auf den Tisch zu springen und das Essen anzuschnuppern.

8.4 Zusätze, Nachträge, Anreden und Ausrufe

Zusätze und Nachträge

Zusätze und Nachträge werden mit **Komma** abgetrennt. Dies gilt für:

- **Einschübe:** *Am Freitag,* ***es war ein wunderbarer Sommertag,*** *ging ich mit meinen Freunden auf eine tolle Bergwanderung.*
- **Appositionen** (Beifügungen): *Patrick,* ***ein abenteuerlustiger Weltenbummler,*** *und Rainer,* ***ein begeisterter Fotograf,*** *präsentieren Bilder ihrer letzten Reise.*
- **nachgestellte Erläuterungen,** die mit *also, besonders, das heißt, nämlich, vor allem, zum Beispiel* usw. eingeleitet werden: *Das Klima,* ***besonders die große Hitze,*** *hat ihnen zu schaffen gemacht.*

24 Füge die Zusätze und Nachträge aus dem Wortspeicher an passender Stelle in die Sätze ein. Setze die Kommas richtig.

> ein Jahr nach der Unabhängigkeit Indiens – ein wertvolles Mineral –
> einer der bekanntesten Aktionen Gandhis –
> einer Küstenstadt in Indien – genannt Mahatma Gandhi –
> sein Name bedeutet „große Seele"

Mohandas Karamchand Gandhi _____

wurde im Oktober 1869 in Porbandar _____

_____ geboren. Mahatma Gandhi _____

_____ war Rechtsanwalt. Er kämpfte für die Unabhängigkeit seines Landes. Beim Salzmarsch _____

_____ folgten ihm Hunderttausende von Menschen, um

Salz _____ aus dem Meer zu gewinnen.

Im Jahr 1948 _____

_____ wurde Gandhi ermordet.

25 Verbinde die beiden Sätze zu einem Satz mit Apposition.

a) Kartoffeln, Eier, Öl, Essig, Salz und Pfeffer kann man im Supermarkt kaufen. Das sind die Zutaten für einen Kartoffelsalat.

_____

_____

_____

b) Miray ist ein großer Fan von Taylor Swift und One Direction. Sie hat ihr Zimmer mit den Postern der Superstars tapeziert.

_____

_____

_____

c) Viele Sportbegeisterte schauen zu, wenn im Fernsehen ihre Lieblings-sportarten übertragen werden. Am liebsten sehen sie Fußball und Tennis.

_____

_____

_____

Anreden und Ausrufe

Anreden und Ausrufe werden mit einem Komma abgetrennt oder von Kommas eingeschlossen, wenn sie eingeschoben sind: *Dieser Vortrag,* **meine Herren,** *war hochinteressant.* **Super,** *wirklich eine sehr eindrucksvolle Darstellung.* **Jonas und Anton,** *mein Kompliment!*

26 Ergänze die fehlenden Kommas.

a) „Fisch meine Damen und Herren kaufen Sie frischen Fisch!"

b) „Die Matjesfilets die sehen aber lecker aus ich hätte gerne zehn Stück."

c) „Guten Tag mein Herr was kann ich für Sie tun?"

d) „Die Pfirsiche sind sie frisch und saftig?"

e) „Aber sicher die haben gestern noch in Griechenland am Baum gehangen."

f) „Heute im Angebot frische Grillwürstchen herzhaft und würzig im Geschmack!"

g) „Grillwürstchen ja die hatten wir schon lange nicht mehr ich nehme acht Stück."

h) „Halt das waren zwei zu viel!"

7.–8. KLASSE

8.5 Wörtliche und indirekte Rede

Zeichensetzung bei wörtlicher Rede

Die wörtliche Rede wird in **Anführungszeichen** gesetzt: *„Kommst du mit?"*

Wenn zur wörtlichen Rede ein sogenannter Redebegleitsatz kommt, dann werden weitere Satzzeichen (Komma oder Doppelpunkt) hinzugefügt. Dabei sind folgende Kombinationen möglich:

- Der Begleitsatz geht der wörtlichen Rede voraus und leitet sie mit einem Doppelpunkt ein: *Er fragte:„Kann ich bitte mitkommen?"*
- Der Begleitsatz folgt der wörtlichen Rede nach und wird mit einem Komma abgetrennt: *„Kann ich bitte mitkommen?", fragte er.*
- Der Begleitsatz ist in die wörtliche Rede eingeschoben und wird von Kommas eingeschlossen: *„Kann ich", fragte er, „bitte mitkommen?"*

27 Unterstreiche jeweils den Redebegleitsatz farbig.

a) „Puh, ist das warm hier!", stöhnte Niklas.

b) „Ich denke", begann er, „dass wir diesen Plan fortführen sollten."

c) Die Mutter fragte: „Ist das alles oder brauchst du sonst noch etwas?"

28 Füge alle fehlenden Satzzeichen ein.

a) __Mir gefällt die Geschichte überhaupt nicht!__schimpft Paul.

b) __Warum?__fragt Anna nach. __Ist doch interessant, was der Wanderer mit seinem Esel erlebt.__

c) __Und außerdem__ fügt Marie hinzu___ist die Vorstellung, dass ein Esel getragen wird, echt komisch.__

d) Die Lehrerin meldet sich zu Wort__Nun mal langsam. Jeder darf hier sagen, wie ihm die Geschichte gefällt.__

Satzschlusszeichen bei wörtlicher Rede

Die Satzschlusszeichen der wörtlichen Rede stehen vor dem abschließenden Anführungszeichen: *„Wie geht es dir?", fragte er. Sie antwortete: „Super!" Er meinte: „Du siehst gut aus."*

Der Schlusspunkt entfällt, wenn der Redebegleitsatz der wörtlichen Rede nachgestellt ist: *„Ich hole dich morgen ab", sagte sie.*

29 Forme die Sätze zweimal so um, dass der Redebegleitsatz je einmal am Anfang, in der Mitte und am Ende steht.

a) „Leider", stellte die Mutter fest, „können wir nicht ins Kino gehen.

_____

_____

_____

b) Der Rektor sagte: „Ihr zwei kommt mit mir."

_____

_____

_____

c) „Seht ihr die Sterne am Himmel?", fragte Oma.

_____

_____

_____

d) Lukas plusterte sich auf: „Ich behaupte, dass das keine gute Idee ist!"

_____

_____

_____

5.–6. KLASSE

30 Wer sagt was? Schreibe die Sätze aus den Sprechblasen an die passende Stelle des Textes. Setze die richtigen Satzzeichen.

Das darf doch nicht wahr sein! So eine chaotische Familie!

Macht ihr dann später den ganzen Dreck weg?

Kannst du bitte aufhören zu saugen? Wir verstehen kein Wort!

Kann man hier nicht einmal in Ruhe seine Zeitung lesen?

Mutter saugt den Boden. Tom und Ron sitzen vor dem Fernseher und sehen sich einen Film an. Da dreht sich Ron um und fragt die Mutter

_____

_____

Diese antwortet _____

_____ Ron zuckt mit den Schultern und schaltet den

Fernseher lauter. _____

_____

schimpft der Vater, der im Sessel sitzt. Lina, die gerade am Esstisch ihre Hausaufgaben machen will, schüttelt den Kopf und murmelt vor sich hin

_____

_____

Zeichensetzung bei indirekter Rede

Eine wörtliche Rede kann auch in indirekte Rede umgewandelt werden. Dann entfallen die Anführungszeichen sowie die Ausrufe- und Fragezeichen. Die indirekte Rede wird mit **Komma** vom Begleitsatz abgetrennt:

Er sagte:„Ich bin müde." → *Er sagte, er sei müde / dass er müde sei.*
Sie fragte: „Hast du geschlafen?" → *Sie fragte, ob er geschlafen habe.*

---

31 Setze die fehlenden Satzzeichen bei der wörtlichen und der indirekten Rede.

a) Jonas erklärte Das kann ich leider nicht tun

Jonas erklärte dass er das leider nicht tun könne

b) Oma sagt Heute muss ich zum Augenarzt

Oma sagt dass sie heute zum Augenarzt müsse

c) Der Lehrer fragt Wer kann mir die Frage beantworten

Der Lehrer fragt wer ihm die Frage beantworten könne

---

32 Setze in die indirekte Rede die fehlenden Wörter sowie die Kommas ein.

a) Der Bademeister fragte _____ vom Beckenrand gesprungen sei.

b) Eine junge Schwimmerin erkundigte sich _____ dies verboten sei.

c) Der Bademeister wunderte sich und fragte zurück _____ sie das

denn nicht wisse.

d) Die Frau fragte _____ sie das wissen solle. Der Bademeister

zeigte auf das Schild.

e) Da erschrak die Frau und fühlte vor _____ Strafe sie nun

erwarte. Der Bademeister lachte und winkte ab.

8.6 Weitere Satzzeichen

> **Doppelpunkt und Klammer**
>
> - Ein **Doppelpunkt** kündigt an, dass noch etwas folgt. Das kann eine wörtliche Rede, eine Zusammenfassung oder Folgerung usw. sein.
>   Das erste Wort nach einem Doppelpunkt schreibt man groß, wenn ein vollständiger Satz folgt, andernfalls wird es kleingeschrieben:
>   *Auf dem Schild stand: Ich bitte um eine kleine Gabe.*
> - **Klammern** schließen Zusätze oder Nachträge ein:
>   *Mein Lehrer (Herr Meier) hat uns zum Grillen eingeladen.*
>   Satzzeichen, die zum eingeklammerten Text gehören, stehen vor der schließenden Klammer: *Die Frau ist verreist. (Das Ziel ist unbekannt.)*

33 Füge jeweils einen Doppelpunkt und gegebenenfalls weitere fehlende Satzzeichen ein.

a) Das Kind erzählt seiner Mutter Heute ist ein Neuer in die Klasse gekommen.

b) Folgende Zutaten sollte man im Haus haben mehrere Eier, Mehl und Salz.

34 In diesem Eintrag aus einem Trendwörterbuch fehlen Satzzeichen: Trage Punkte, Klammern und Doppelpunkte richtig ein.

Quiet Party engl. „Stille Party" Neuer Flirt-Trend kommt aus den USA Party, bei der Reden und laute Musik selbstverständlich auch Flüstern und Klatschen verboten sind und die Gäste sich mit natürlich selbst geschriebenen Zetteln verständigen Zweck Das Flirten wird erleichtert, da man nicht mehr gegen den Hintergrundlärm normalerweise ohrenbetäubend anschreien muss

8. KLASSE

Gedankenstrich

- Ein **einfacher Gedankenstrich** kündigt etwas Nachfolgendes, oft etwas Unerwartetes an: *Und plötzlich sah ich es – das Riesenloch.*
- Ein **doppelter Gedankenstrich** grenzt Zusätze oder Nachträge vom übrigen Text ab. Am Ende eines in Gedankenstrichen eingeschobenen Satzes darf kein Punkt stehen. Ausrufe- oder Fragezeichen innerhalb von Gedankenstrichen bleiben allerdings erhalten. *Der junge Mann da drüben – kaum zu glauben! – ist mein Klassenlehrer.*

35 Bilde aus zwei Sätzen einen Satz, indem du den zweiten Satz einschiebst. Achte auf die richtige Zeichensetzung und gehe nach folgendem Muster vor:
Unser Lehrer hat mit uns die Mathearbeit geschrieben. Niemand hatte das Thema verstanden! → Unser Lehrer hat mit uns – obwohl niemand das Thema verstanden hatte! – die Mathearbeit geschrieben.

a) Viele Schüler haben die Arbeit geschwänzt. Was ich verstehen kann!

_____

_____

b) Und die Note zählt noch zur Gesamtnote. Ist das zu glauben?

_____

_____

c) Unser Lehrer sagt, er hätte genug mit uns geübt. Das ist unglaublich!

_____

_____

d) Ich werde mich beim Rektor beschweren. Mit ihm kann man reden.

_____

_____

e) Jetzt muss ich noch mit meinen Eltern reden. Die werden es verstehen.

_____

_____

8. KLASSE

Semikolon

Das Semikolon (Strichpunkt) trennt zwei Teilsätze stärker voneinander als ein Komma; es ist jedoch schwächer als ein Punkt: *In der Schule war niemand; da war kein Schüler und auch kein Lehrer.*

36 **Hier fehlen einige Satzzeichen. Setze Semikolon, Doppelpunkt, Gedankenstrich und Klammern richtig ein.**

Neulich __ ich glaube, es war vor etwa zwei Wochen __ waren meine

Freundin Tina und ich shoppen __ natürlich in unserer Lieblingsstadt,

wie immer. Es war ein schöner Tag __ die Sonne schien und dennoch war

es nicht zu heiß __ genau das richtige Wetter für einen Stadtbummel.

Und es wurde ein Glückstag für mich __ Ich kaufte einen Rock und eine

wunderschöne Halskette __ beides im Sonderangebot. Und ich hatte

noch Geld übrig, um Tina auf ein Eis einzuladen __ natürlich bei unserem

Lieblingsitaliener. Doch als ich das Eis bezahlen wollte, bekam ich einen

Schreck __ Mein Geldbeutel war weg! Ich wühlte alle meine Taschen

durch __ er blieb verschwunden. Ich überlegte __ Wann hatte ich den

Geldbeutel das letzte Mal gehabt? Als ich meine Kette gekauft hatte!

Es half nichts __ Wir mussten den ganzen Weg zurückgehen. Wir gingen

also los __ natürlich mit entsprechend schlechter Laune __. Während

des Gehens löste ich den Knoten meiner Weste, die ich mir um die Hüfte

gebunden hatte, um sie anzuziehen, als plötzlich ein dumpfes Geräusch

erklang. Ich blieb stehen und schaute mich um __ Mein Geldbeutel lag

hinter mir auf dem Gehweg. Tina __ sie lief hinter mir __ lachte __ „Er

ist aus deiner Weste gefallen!" Ich schüttelte den Kopf __ Dass ich daran

nicht gedacht hatte!

Clevere Rechtschreibtipps

Bist du unsicher, wenn es um die Rechtschreibung geht? Dann brauchst du ein Sicherheitstraining! In diesem Kapitel erfährst du, wie du dieses Training sinnvoll gestaltest und wie du Rechtschreibfehler vermeidest.

Das Lesen der folgenden Tipps ist auf jeden Fall ein guter Anfang. Doch die Theorie allein nützt dir wenig: Die Praxis machts! Setze die Tipps gleich um, denn nur so sicherst du dir deinen Erfolg!

1 Rechtschreiben üben – aber wie?

1.1 Die Lernbedingungen

Für dein Sicherheitstraining benötigst du absolute Konzentration. Die erste Voraussetzung dafür ist, dass du deinen Arbeitsplatz entsprechend vorbereitest. Achte darauf, dass du an einem ruhigen Ort lernst. Im Hintergrund sollte kein Fernseher und auch keine Musik laufen. Schalte dein Handy aus. Sorge auch dafür, dass dein Arbeitsplatz aufgeräumt ist. Alle Arbeitsmittel, die du brauchst, müssen griffbereit sein. Dazu gehören Stifte, ein Übungsheft (oder ein Schreibblatt) und ein Nachschlagewerk (z. B. der Schülerduden).

Die zweite Voraussetzung dafür, dass du dich gut konzentrieren kannst, ist, dass du die Übungszeit geschickt planst. Wenn du dein Training schnell noch zwischen zwei Termine schiebst, wird der Erfolg wohl auf sich warten lassen. Warum? Ganz einfach: Mit Zeitdruck im Nacken lernt es sich schlecht. Vielleicht fällt dir mittendrin ein, dass du für deinen anschließenden Termin noch etwas einpacken musst oder jeden Moment jemand an der Tür klingeln wird, um dich abzuholen. Dann ist dein Kopf nicht frei und du kannst den Lernstoff nicht richtig aufnehmen. Flüchtigkeitsfehler sind dann natürlich vorprogrammiert. Nimm dir also genügend Zeit und sorge dafür, dass du während deines Trainings weder gestört noch abgelenkt wirst. Übrigens: Wenn du immer zur gleichen Zeit übst, ist es auch für die anderen einfacher, dich dabei nicht zu unterbrechen.

Nun stellt sich noch die Frage, wie lange man trainieren sollte. Hier gilt die Faustregel: besser dreimal kurz als einmal lang. Das heißt, dein Training ist effektiver, wenn du beispielsweise dreimal in der Woche 20 Minuten übst als einmal eine Stunde am Stück. Denn so hat dein Gehirn genügend Zeit, das Gelernte in den „Pausen" zu verarbeiten.

1.2 Die Lernkanäle

Sicher hast du schon einmal etwas von den verschiedenen „Lerntypen" gehört. Damit ist die Art und Weise gemeint, wie sich jemand neuen Lernstoff besonders gut einprägt. Manche tun sich leichter, wenn sie etwas Neues nicht nur hören, sondern auch lesen. Andere lernen am besten, indem sie es aufschreiben oder selbst ausprobieren.

Die vier Lernkanäle

- **Lernen durch Sehen:** Der „Augentyp" speichert besonders gut Bilder ab sowie Inhalte, die er selbst gelesen hat.
- **Lernen durch Hören:** Der „Ohrentyp" merkt sich vor allem Gehörtes und Dinge, die er selbst laut ausgesprochen hat.
- **Lernen durch Schreiben:** Der „Schreibtyp" notiert sich Wichtiges oder schreibt den Stoff ab, um ihn abzuspeichern.
- **Lernen durch Handeln:** Der „Aktivtyp" lernt am besten in Bewegung, fasst Dinge gerne an oder probiert sie selbst aus.

Die meisten Menschen lassen sich nicht nur einem bestimmten Lerntypen zuordnen. Aus diesem Grund ist dein Training am erfolgreichsten, wenn du mehrere Lernwege kombinierst und mit möglichst vielen Sinnen lernst. Konkret könnte das beispielsweise so aussehen:

1. Du liest eine Rechtschreibregel zunächst still und konzentriert durch.
2. Danach sprichst du sie laut und deutlich.
3. Anschließend notierst du das Wichtigste stichpunktartig in deinem Übungsheft oder auf einem Blatt.
4. Hast du die Regel verstanden? Wenn ja, kannst du nun selbst weitere Beispiele finden, die zur Regel passen. Ob deine Beispiele stimmen, überprüfst du abschließend mithilfe eines Wörterbuchs.

1.3   Der Lernstoff

Beim Schreiben kannst du die unterschiedlichsten Fehler machen. Meist sind es aber immer die gleichen Dinge, die dir Probleme bereiten. Am schnellsten verringerst du die Fehlerzahl also, wenn du diese Schwachpunkte gezielt angehst. Der erste Schritt deines Sicherheitstrainings lautet deshalb: Finde deine Schwachpunkte!

Die Fehleranalyse

Fehler sind nichts Schlechtes – im Gegenteil! Denn sie verraten dir, was du schon verstanden hast und was noch nicht. Um dies herauszufinden, nimmst du dir nach Möglichkeit drei korrigierte Deutscharbeiten vor. Es müssen nicht unbedingt Diktate sein, besser noch eignen sich Aufsätze und andere selbst verfasste Texte.

Lege dir eine Liste mit den Fehlerarten an, die du in den ausgewählten Arbeiten findest, und trage jeweils die Fehleranzahl ein. Ordne sie dabei nicht nach Einzelfehlern, sondern nach Fehlerschwerpunkten:

- **Groß- und Kleinschreibung:** Substantiv (Nomen) oder nicht? – Eigenname oder nicht? – Substantiviert oder nicht? – Zeitangaben – Zahlen und Mengen – Farben und Sprachen – Anredepronomen
- **Getrennt und Zusammenschreibung:** Verbindungen mit Verben – Verbindungen mit Substantiven – Verbindungen mit Adjektiven – Sonstige Verbindungen – Mit oder ohne Bindestrich?
- **Dehnung:** Dehnungs-h oder nicht? – *i / ie / ieh?* – Doppelvokal oder nicht?
- **Schärfung:** *s / ss / ß?* – Doppelkonsonant oder nicht? – *k / ck?* – *z / tz?*
- **Gleich oder ähnlich klingende Laute** *(e / ä? eu / äu? x / chs / ks / cks? f / v? b / p? d / t? g / k?* usw.)
- **Gleich oder ähnlich klingende Wörter** *(seid / seit? das / dass?* usw.)
- **Fremdwörter**
- **Worttrennung**
- **Zeichensetzung:** Welches Satzzeichen? – Zeichensetzung bei wörtlicher Rede – Komma oder nicht?

Welche Rechtschreibfehler unterlaufen dir am häufigsten? Könntest du vielleicht sogar mit nur zwei oder drei richtig verstandenen Rechtschreibthemen den Großteil der Fehler ausmerzen?

EXTRA

Die Lernpäckchen

In der Schule wird der Lernstoff für dich von den Lehrern in einzelne Übungs-einheiten gegliedert. Für dein Sicherheitstraining zu Hause musst du das selbst tun. Aber wie schnürst du dir eigentlich ein solches Lernpaket?

Nachdem du anhand der Checkliste herausgefunden hast, mit welchen Rechtschreibthemen du immer wieder Probleme hast, erstellst du dir einen Plan mit den Übungsschwerpunkten. Arbeite diese jedoch nicht einfach querbeet durch, sondern gehe systematisch an die Sache ran:

1. Ordne deine Schwachpunkte den Kapiteln dieses Buches zu.
2. Suche dir die passenden Übungen heraus. Der Schwierigkeitsgrad sollte möglichst nicht über deiner Klassenstufe liegen. Er kann aber darunter liegen, wenn Themen in höheren Klassenstufen wiederholt werden oder wenn du an einem Fehlerschwerpunkt arbeitest.
3. Oftmals reichen eine längere Übung oder zwei kurze völlig aus. Trainiere nicht länger als 30 Minuten.
4. Mische die Themen nicht, sondern wähle jeweils ein einziges Recht-schreibthema aus. Wenn du in mehreren Lernpäckchen nacheinander das gleiche Thema trainierst, verankert sich das Wissen besser.
5. Belohne dich für jedes erfolgreich erledigte Lernpäckchen mit einer Kleinigkeit. Wenn du ein besonders schwieriges Thema gemeistert hast, darf die Belohnung auch größer sein. Denn für alle Lerntypen gilt: Jeder ist auch ein Genussmensch und freut sich über Anerkennung!

2   Eine gute Basis

Das Ziel deines Sicherheitstrainings ist, ein Gespür für die richtige Schrei-bung zu entwickeln. Denn nicht für alle Zweifelsfälle gibt es eine handfeste Regel. Wenn du aber weißt, welche Grundsätze zu beachten sind, bist du schon einen entscheidenden Schritt weiter.

2.1   Von Lauten und Buchstaben

Das „kleine Einmaleins" der Rechtschreibung besteht zunächst einmal darin, ob die Zuordnung von Lauten und Buchstaben stimmt und ob im geschrie-benen Wort alle Buchstaben enthalten sind. Dabei hilft dir in erster Linie das richtige und deutliche Aussprechen des Wortes weiter. Da die geschriebenen Buchstaben zwar oft, aber nicht immer den gesprochenen Lauten entsprechen, solltest du beim Schreiben nicht nur deutlich, sondern ruhig etwas übertrieben mitsprechen. Man schreibt zum Beispiel

- *au,* auch wenn es oft wie *ao* gesprochen wird: *zaubern.*
- *ei,* obwohl es eigentlich wie *ai* gesprochen wird: *fein.*
- *sp* und *st,* obwohl man *schp* bzw. *scht* spricht: *Spiel, Stein.*
- *-er* am Wortende, auch wenn es sich fast wie *a* anhört: *Geister.*

Dieses Vorgehen eignet sich ebenfalls, um sicherzugehen, dass kein Buchstabe fehlt: Lies das Geschriebene laut vor: Sind alle Silben und Laute enthalten? Dabei darfst du auch „versteckte" Buchstaben nicht vergessen, etwa

- das *e* im Auslaut bei *-el, -eln* oder *-en: Nebel, stapeln, loben.*
- das *r,* das im Inlaut nach einem Vokal kaum hörbar ist: *warm.*

2.2   Von Längen und Fachbegriffen

Die Unterscheidung von kurz und lang gesprochenen Vokalen (Selbstlauten) ist eine weitere Voraussetzung für eine sichere Rechtschreibung. Denn ohne diese Fähigkeit kannst du die Regeln zur Schärfung und Dehnung nicht anwenden:

- **langer Vokal:** *Tal, Zug.*
- **kurzer Vokal:** *Mist, Wand.*

Für das Verständnis der Rechtschreibregeln benötigst du außerdem gute Grundkenntnisse in Wortkunde, also den verschiedenen Wortarten, auch wichtige grammatikalische Begriffe sollten dir geläufig sein, wie etwa

- **Substantiv:** *der Kamm, die Fliegen.*
- **Artikel:** *der, die, das, ein, eine.*
- **Verb:** *ich kam, sie fliegen.*
- **Infinitiv:** *kommen, fliegen.*
- **Diphthong:** *au, äu, ai, ei, eu.*

Ohne ein Substantiv sicher von den anderen Wortarten unterscheiden zu können, kannst du nämlich mit vielen Regeln zur Groß- und Kleinschreibung nichts anfangen. Was ist also deine erste Aufgabe, wenn du auf einen Begriff stößt, von dem du nur eine ungenaue Vorstellung hast? – Ganz klar: Du schließt diese Wissenslücke. Erst danach geht es mit den Übungen weiter.

EXTRA

3 Eine gute Strategie

Neben dem kleinen gibt es auch das „große Einmaleins" der Rechtschreibung. Es besteht aus Strategien, die dir ermöglichen, die Schreibung eines Wortes selbst zu erschließen.

Die Rechtschreibstrategien

Zu den wichtigsten Rechtschreibstrategien, die du kennen solltest, gehören
- das **Zerlegen** von Wörtern,
- das **Wortstammprinzip,**
- das **Ableiten** von Wörtern und
- das **Verlängern** von Wörtern.

Darüber hinaus helfen dir die Rechtschreibregeln weiter, die du in den einzelnen Kapiteln dieses Buches trainieren kannst.

3.1 Das Zerlegen

Wenn ein Wort aus mehreren Wortbausteinen zusammengesetzt ist, bist du im Vorteil, wenn du die einzelnen Bestandteile erkennst:
- **Vorsilben (Präfixe)** wie *er-, be-, ver-, ent-, ab-, aus-, um-.*
- **Endungen (Suffixe)** wie *-lich, -isch, -schaft, -nis, -ieren, -eln.*
- **Zwei oder mehrteilige Zusammensetzungen:** *bitter | böse, Fuß | ball | welt | meister, Tasche | n | tuch, Liebling | s | buch.*

Zusammengesetzte Wörter zerlegen

Bestehen Wörter aus mehreren Bausteinen, bleiben alle Buchstaben der einzelnen Bestandteile erhalten. In manchen Fällen wird zusätzlich ein *-s-, -n-* oder *-e-* dazwischengeschoben.

Nach dem Zerlegen ist es einfacher für dich, die Schreibung der einzelnen Bestandteile und die Vollständigkeit zu kontrollieren, zum Beispiel:
- *r* oder *rr* in *überraschen:* Vorsilbe *über-* + Wortstamm *rasch* + Endung *-en.*
- *f* oder *v* in *Verfassung:* Vorsilbe *Ver-* + Wortstamm *fass* + Endung *-ung.*

3.2 Der Wortstamm

Wörter können aus mehreren Wortbausteinen zusammengesetzt sein. Der Wortstamm bildet dabei den Kern eines Wortes. Den Wortstamm erhältst du, indem du alle Endungen und Vorsilben weglässt, zum Beispiel:

- Wortstamm **schwer:** *die Schwer-e, schwer-er, schwer-lich, er-schwer-t, be-schwer-en, die Be-schwer-de.*
- Wortstamm **knall:** *knall-en, es knall-t, knall-end, ver-knall-t, die Knall-erei, der Ur-knall.*

Wenn du unsicher bist, wie man ein Wort schreibt, zerlegst du es und prüfst, ob du ein anderes Wort mit diesem Grundbaustein kennst. Weißt du, wie man das eine schreibt, kannst du dir die Schreibung des anderen selbst herleiten.

> **Das Wortstammprinzip**
>
> Der Wortstamm wird in allen Wörtern, in denen er vorkommt, gleich geschrieben.

Dadurch, dass der Wortstamm stets gleich geschrieben wird, kannst du zudem beim Lesen die Bedeutung eines Wortes schnell erfassen. Und das sogar, wenn es um Wörter geht, die völlig gleich klingen, etwa bei *Leuten* und *läuten* im folgenden Zungenbrecher, den du wahrscheinlich kennst: *Der Leutnant von Leuten befahl seinen Leuten, nicht eher zu läuten, bis der Leutnant von Leuten seinen Leuten das Läuten befahl.*

3.3 Das Ableiten

Gerade wenn es um die Schreibung von *e* oder *ä* sowie *eu* oder *äu* geht, kommt oft Unsicherheit auf: Warum *leutet* es nicht, sondern *läutet*? Neben dem Wortstammprinzip hilft dir in solchen Fällen Folgendes weiter:

> **Die Wortfamilienregel**
>
> Wenn du ein **verwandtes Wort** mit *a* kennst, schreibst du *ä*, und wenn du eines mit *au* kennst, schreibst du *äu*. In den anderen Fällen schreibst du *e* bzw. *eu*. Die wenigen Ausnahmen musst du dir einzeln merken.

167

EXTRA

Die Schreibung *läutet* lässt sich demnach ableiten, sogar auf mehrere Arten:

- *äu* wegen verwandtem Verb mit *au: lauten.*
- *äu* wegen verwandtem Adjektiv mit *au: laut.*
- *äu* wegen verwandtem Substantiv mit *au: der Laut.*

Das Gleiche gilt für Wörter mit *ä* wie *erklären,* bei dem dir beispielsweise das verwandte Adjektiv *klar* die nötige Klarheit über die Schreibung verschafft.

Wie du dir die Sonderfälle einprägen kannst, wie zum Beispiel *spät* oder *Lärm,* zu denen es keine verwandten Wörter mit *a* gibt, die aber trotzdem nicht mit *e* geschrieben werden, erfährst du auf Seite 170.

3.4 Das Verlängern

Manchmal ist nicht deutlich zu hören, welcher Konsonant am Ende eines Wortes oder Wortstamms stehen muss: *b* oder *p, d* oder *t, g* oder *k, s* oder *ß?* Diese Konsonanten klingen im Auslaut sehr ähnlich, wenn sie aber vor einem Vokal stehen, kann man den Unterschied deutlich hören. Man nennt das Auslautverhärtung. Wende hier folgende Strategie an:

Die Verlängerungsprobe

Vergleiche das Wort mit einer **verwandten Wortform,** bei der nach dem Konsonanten ein Vokal steht. Dabei hast du mehrere Möglichkeiten:

- Bilde bei Substantiven den Plural oder hänge eine Endung wie *-er, -es, -in* oder *-ung* an.
- Steigere das Adjektiv oder stelle es vor ein Substantiv.
- Setze das Verb in den Infinitiv.

Sprich die Wortform deutlich aus, so hörst du, welcher Buchstabe stehen muss. Geht es um einen Konsonanten innerhalb eines zusammengesetzten Wortes, zerlegst du es vorher.

Um zu klären, ob die Schreibung zum Beispiel *d* oder *t* lautet, verlängerst du den Wortstamm wie folgt:

- *Freiba**d** → die Freibäder, sie baden* usw.
- *er verba**t** → verbieten, verboten* usw.

4   Eine gute Kontrolle

Jeden Text, den du geschrieben hast, solltest du zum Schluss noch einmal gründlich kontrollieren und verbessern. Plane vor allem für die Schlusskontrolle von Diktaten und Aufsätzen genügend Zeit ein, denn auf der sicheren Seite bist du, wenn du diese in zwei Richtungen vornimmst – nämlich vorwärts und rückwärts.

1. Im ersten Durchgang liest du vorwärts und prüfst den Text auf seine Bedeutung hin. Dein Augenmerk richtet sich in erster Linie auf den Sinnzusammenhang. Dabei kontrollierst du etwa:
   - Ist jeder Satz vollständig und sinnvoll?
   - Hast du alle Satzzeichen gesetzt?
   - Beginnt jeder Satz mit einem Großbuchstaben?
   - Sind die Wörter am Zeilenende richtig getrennt?

2. Im zweiten Durchgang liest du den Text rückwärts: Du beginnst also von hinten und arbeitest dich Wort für Wort nach vorne durch. Sprich dabei genau das, was geschrieben steht, und prüfe, wie es klingt:
   - Hast du keinen Buchstaben vergessen oder vertauscht?
   - Stimmen die Endungen?
   - Kommt dir vielleicht das Schriftbild merkwürdig vor? Fehlt womöglich ein Dehnungszeichen oder muss ein Doppelkonsonant stehen?

5   Eine gute Lernmethode

Da sich leider nicht alle Wörter an die allgemeinen Rechtschreibregeln halten, musst du dir Ausnahmefälle einzeln merken. Dazu gehören beispielsweise Wörter mit *x* wie *Axt,* solche mit *ai* wie *Mais* oder auch mit *dt* wie *verwandt,* Wörter mit Doppelvokalen wie *Moos* usw. Daneben gibt es vielleicht noch einige andere Wörter, mit denen du immer wieder Schwierigkeiten hast. All diese Einzelfälle kannst du dir mithilfe der Methoden auf der nächsten Seite gut einprägen. Probiere nicht nur eine aus, damit du „deinen" besten Weg herausfindest.

EXTRA

Die Haftnotiz

Schreibe Problemwörter auf selbstklebende Notizzettel und hänge sie dort auf, wo du sie oft sehen kannst, etwa an deine Zimmertür, den Badezimmerspiegel oder den Kleiderschrank. So prägst du dir die Wörter im Vorbeigehen ein. Wichtig ist natürlich, dass du es nicht übertreibst und immer nur ein paar Zettel aufhängst. Wechsle die Wörter spätestens nach einer Woche aus.

Die Lernkartei

Du benötigst dazu eine Kartei mit mindestens drei Fächern. Schreibe schwierige Wörter einzeln auf Karteikarten und ordne sie ins erste Fach ein. Sieh dir jeweils eine Karte an, lege sie beiseite und schreibe das Wort auf. Vergleiche anschließend mit der Karteikarte:

- Hast du es richtig geschrieben, wandert die Karteikarte ins zweite Fach.
- Hast du einen Fehler gemacht, bleibt die Karteikarte im ersten Fach.

Nach etwa zwei Wochen nimmst du dir die Wörter aus dem zweiten Fach erneut vor. Die Wörter, die sitzen, kommen ins dritte Fach, die anderen zurück ins erste Fach usw.

Die Wortgruppe

Fertige für Merkwörter ein Lernplakat an, auf dem du in der Mitte das schwierige Wort notierst. Weil es sich in Gruppen leichter lernt, fügst du dann Wörter aus der passenden Wortgruppe hinzu, etwa Wörter aus der gleichen Wortfamilie oder Reimwörter. Eine Sache musst du allerdings beachten: Schreibe Wörter, die sich sehr ähnlich sind und die du deshalb leicht verwechseln kannst, nie auf dasselbe Plakat! Nur wenn dein Gehirn sie getrennt abspeichert, verwechselst du sie nicht mehr.
Wenn du ein „Augentyp" bist (↑ S. 162), schmückst du das Plakat am besten auch mit passenden Zeichnungen oder aufgeklebten Bildern.

Der Spruch

Erfinde lustige, auch unsinnige oder merkwürdige Sprüche, um dir etwas zu merken, etwa: *Ein bisschen wird kein bisschen großgeschrieben.*

Das Lesefieber

Lass dich anstecken von einer Krankheit, die dich topfit macht: vom Lesefieber. Wer viel liest, hält die Wörter und ihre Schreibweise als Bild im Gedächtnis fest – fast wie eine Fotokamera. Und das passiert ganz nebenbei …

① Groß- und Kleinschreibung

1 S. 7
a) die Bewegung
b) das Bedürfnis
c) die Erbschaft
d) die Klugheit
e) die Finsternis
f) die Sachlichkeit
g) das Rinnsal
h) das Geheimnis

2 S. 8
a) Finsternis
b) Sachlichkeit
c) Geheimnis
d) Bedürfnis

3 S. 8

B	H	M	V	D	K	D	E	K
Z	A	I	C	L	I	N	B	L
I	U	L	Ä	Ö	R	P	E	K
M	S	C	H	Ü	S	S	E	L
M	B	H	G	G	C	X	R	P
E	P	L	G	Y	H	M	E	W
R	H	R	O	H	E	V	N	D
Q	U	U	K	C	N	A	N	L
B	W	E	I	N	K	U	W	W

das Zimmer   das Haus   die Milch
die Kirschen   die Beeren   die Schüssel
der Wein   der Block   die Burg

4 S. 9
a) die Bildung
b) die Frechheit
c) die Blindheit
d) die Faulheit
e) die Herrschaft
f) die Meisterschaft
g) das Christentum
h) der Reichtum
i) die Munterkeit
j) die Tapferkeit
k) die Eitelkeit
l) die Entscheidung
m) das Geheimnis
n) das Eigentum
o) die Ehrlichkeit
p) das Versäumnis
q) die Fahndung

5 S. 10
EINE MENGE HAIE SCHWAMMEN IN DER REIHE
KREUZ UND QUER DURCHS MEER. DA KAM EIN

WAL DAHER, SEIN ZAHN, DER SCHMERZTE SEHR:
„ACH BITTE, LIEBE HAIE, IN EURER LANGEN
REIHE, HELFT MIR MEIN SCHICKSAL TRAGEN,
SONST GEHTS EUCH AN DEN KRAGEN. SO
FURCHTBAR IST MEIN SCHMERZ, ER BRICHT
MIR FAST DAS HERZ." VOLL MITLEID KAM EIN
HAI MIT MEDIZIN VORBEI. „HIER MUSS MAN
ETWAS TUN, SONST KANNST DU NIE MEHR
RUH'N." ES SCHLUCKT DIE MEDIZIN DER WAL
UND DAMIT ENDET SEINE QUAL.

die Menge, der Hai, die Reihe, das Meer,
der Wal, der Zahn, das Schicksal, der Kragen,
der Schmerz, das Herz, das Mitleid, die Medizin, die Qual

6 S. 11
a) Dann stellte sich heraus: Der Hund hatte die Würstchen.
b) Ich könnte dir anbieten: frischen Orangensaft, Mineralwasser oder Limonade.
c) Er rief sie alle zu sich: die Schüler und die Lehrer.

7 S. 11
a) „Der Junge im gestreiften Pyjama"
b) „Die Räuber"
c) „Die Chemie des Todes"
d) „Mit Schirm, Charme und Melone"
e) „Bauch und Kopf"

8 S. 12
das Badezimmer   die Blaubeeren
das Hochhaus   die Hüpfburg
der Malblock   der Rotwein
die Rührschüssel   die Sauermilch
die Süßkirschen   die Weißwurst

9 S. 13
a) Obwohl ich im Dunkeln **Angst** habe, zwinge ich mich, abends noch aus dem Haus zu gehen. Man muss seine **Angst** besiegen!
Doch heute ist mir wirklich **angst,** ich habe ein ungutes Gefühl.
b) Es ist mir sogar sehr **recht,** dass du **recht / Recht** hast.
Er ist Richter, er spricht **Recht.**
c) Ich bin es **leid,** immer nach deiner Pfeife zu tanzen.
Tut es dir wenigstens **leid?**
Ich kann dieses **Leid** nicht mit ansehen.

10 S. 14
a) zum Essen – zu essen
b) zu stricken – Zum Stricken
c) Das Lesen – zu lesen

d) zu spielen – Zum Spielen
e) zu schreien – Vom Schreien
f) zum Turnen – zu turnen

11 S. 15
a) Das Dazwischenrufen im Unterricht ...
b) Das Drängeln beim Pausenverkauf ...
c) Das Betreten der Turnhalle ohne Lehrer ...

12 S. 15
a) des Arbeitens / ablenken
b) helfen
c) dem Schwimmen / essen
d) Zum Lernen
e) lernen
f) dem Säubern / mähen
g) helfen
h) wandern
i) zum Wandern

13 S. 16
Rock ist angesagt!
Die Band „Hard & Busy" **stellte** am Samstag
der begeisterten Menge in der Arena ihre neue
Show **vor**. Für das Programm waren zwei Stunden geplant, tatsächlich dauerte das **Vorstel-**
len fast drei Stunden.
Rauchen macht auch Nichtraucher krank!
Forschungen bestätigen schon seit Langem,
dass das **Einatmen** von Zigarettenrauch auch
Nichtraucher auf Dauer schädigt. Auch wenn
ein Mensch nicht selbst raucht, **atmet** er den
blauen Dunst mehrmals täglich **ein**. (...)
Bunte Bildchen schon im Kindesalter?
(...) Das **Tätowieren** schadet gerade Kinderhaut
dauerhaft. Doch bereits jeder vierte Jugendliche ist nach Aussagen des Amtes **tätowiert**
oder trägt ein Piercing.

14 S. 17
der fleißige Schüler
der kostspielige Urlaub
die mühsame Arbeit

15 S. 17
Lösungsvorschlag:
Der Fleißige lernt mehrere Stunden am Tag.
Das Kostspielige am Urlaub war das Hotel.
Das Mühsame daran ist das schwere Heben.

16 S. 18
a) Die **blauen** Schuhe kosten mehr als die
roten.
b) Ich hoffe, die **Blauen** gewinnen heute!
c) Ich finde das **alte** schöner als das **neue** Kleid.
d) Alles **Alte** muss raus!

e) Manchmal sind die **kleinen** Hunde bissiger
als die **großen.**

17 S. 18
a) etwas Gutes
b) Alles Schöne
c) nichts Neues
d) viel Unwahres
e) wenig Günstiges
f) genügend Furchtbares
g) etwas Weißes – allerlei Einfarbiges –
etwas Buntes

18 S. 19
Bücher, so findet Kalle, sind **etwas** ganz Besonderes. Sie sind wie kleine, kostbare Schätze.
Viel Spannendes oder Interessantes darin kann
regnerische Nachmittage zu **etwas** Wunderbarem werden lassen. Nur manche Schmöker
enthalten **wenig** Abwechslungsreiches und
nichts Unterhaltsames. Schnell legt Kalle diese
Wälzer wieder zur Seite. Besonderen Gefallen
hat er an **etwas** Lustigem, wie beispielsweise
einer Lausbubengeschichte, oder an **allem** Aufregenden, wie zum Beispiel einem Krimi oder
einer Abenteuergeschichte. In Kalles Bücherregal steht zwar **viel** Angestaubtes, aber manche
Bücher bewahrt er wie **etwas** Kostbares (...)
auf (...).

19 S. 20
a) Auf der Klassenfahrt haben wir manches
besonders Aufregende erlebt.
b) Aber das Beste war die Nachtwanderung im
Schnee.
c) Da gab es in unserer Klasse einige sehr
Ängstliche.
d) Sie glaubten, dass etwas Unheimliches
passieren würde.
e) Das ausdauernde Wandern durch die kalte
Nacht war für einige von uns ziemlich ermüdend.
f) Umso mehr freuten wir uns auf das Aus-
schlafen am nächsten Morgen.

20 S. 21
a) etwas Wertvolles
b) manches Neue
c) viel Erstaunliches

21 S. 21
Seit Charlotte neue Inliner hat, zählt sie zu den
Glücklichsten dieser Welt. Etwas **Schöneres,** als
über den Rollhockeyplatz zu fahren, kann sie
sich beileibe nicht vorstellen, denn beim **Skaten**
vergisst sie allen Ärger und Streit und kann sich

richtig austoben. Zwar fällt ihr das **Bremsen** noch etwas schwer, aber im **Wenden** ist sie sehr sicher. Darum ist sie auch als **Einzige** ihrer Klasse in die Rollhockeymannschaft der Schule aufgenommen worden. Jetzt ist es nichts **Ungewöhnliches,** dass Charlotte direkt nach dem Essen ihre Hausaufgaben erledigt, denn dann kann sie schnell zum **Üben** auf das Rollhockeyfeld.

22 S. 22
a) Etwas Gekochtes ...
b) Das Auf und Ab ...
c) ... im Aus.
d) ... eine Weinende dar.

23 S. 22
a) Verb
b) Adjektiv
c) Partizip
d) Pronomen
e) Präpositionen
f) Zahladjektiv

24 S. 23
a) Schwarze
b) Besten
c) Trockene
d) Entschiedenste
e) Klaren
f) Reine
g) Gute
h) Ganzen

25 S. 23
a) ... als ein gutmütiger (Lehrer).
b) ... als ein hartes (Ei).
c) ... der Beste (–).
d) ... der beste (Schüler).
e) Der Fleißige (–) wird ...
f) ... die kleinen (Fische).

26 S. 24
a) Willst du einen **kurzen oder langen** Rock?
b) Es besteht ein reges **Kommen und Gehen.**
c) In deinem Zimmer herrscht wieder ein **Drunter und Drüber.**

27 S. 24
a) süße – herbe
b) laute Klingeln
c) Hurra
d) Eins – Mitarbeiten
e) Aber

28 S. 25
a) eine **Zwei**
b) das **Ja**
c) das **Wie** (...), das **Ob**
d) ein **Er,** keine **Sie**
e) ab **fünfzig**

f) Im **Nachhinein** sieht **vieles** anders aus.
g) **drei** Tassen Tee

29 S. 26
a) Am nächsten Morgen ...
b) Ich dachte gestern ...
c) ... findet morgen Nachmittag statt.
d) Eines Abends ...

30 S. 27
a) **h**eute – Begründung: Zeitangabe = Adverb
b) **m**orgen **A**bend – Begründung: Zeitangabe = Adverb + Substantiv
c) **M**ittags – Begründung: Satzanfang
d) **m**ittags – Begründung: Zeitangabe = Adverb
e) **D**ienstagnachmittag – Begründung: Zeitangabe = Substantiv

31 S. 27
Heute Morgen um **acht** fuhr ich zur Schule, wie jeden **Tag.** Normalerweise habe ich am **Mittwoch** immer schlechte Laune, weil wir **mittwochs** bis um **zwei** Unterricht haben. Doch an diesem **Morgen** nicht, da ich ständig an den **gestrigen Abend** denken musste. **Gestern** habe ich nämlich das entscheidende Tor geschossen! Nun bin ich gespannt, wie ich **nachher** in der Schule begrüßt werde. Ich denke, meine Mitschüler werden jubeln und mich die **nächsten Wochen** wie einen Star behandeln. Oder vielleicht sogar die **nächsten Monate?** Der **Mittwoch** wird mein Lieblingstag!

32 S. 28
a) manche
b) Einzige
c) Tausenden (tausenden) – zwei Drittel
d) Sechs achtel – drei viertel
e) Eins
f) fünf
g) wenige
h) anderen
i) viele
j) beide
k) Sechs
l) Erste

33 S. 29
Gestern **N**achmittag wollten wir Rummy spielen. Gute Freunde hatten uns das Spiel – es hatte statt Spielkarten nummerierte Holzteilchen – aus ihrem Urlaub in Schweden mitgebracht – mit Spielanleitung auf **S**chwedisch natürlich. Ich gab **A**cht / **a**cht, dass mir beim Öffnen des abnehmbaren Deckels **n**ichts herausfiel. Dann stürzte ich den Kasten ohne

Zögern **k**opfüber auf den Tisch. Mit einem lauten **K**rachen ergossen sich die Holzteilchen über die **g**anze Fläche. Die **m**eisten lagen mit der Zahl nach unten, während ein **p**aar uns in kräftigem **R**ot oder **G**elb entgegenleuchteten, dazwischen auch etliche **b**laue Ziffern. Zehn fleißige Hände drehten sie um. „Es bekommt jeder nur **z**wölf!", erinnerte ich meine Schwester, die gerade **l**authals bis **d**reizehn zählte. Nachdem **a**nfangs über das **A**ufnehmen und **A**blegen, später übers **A**nlegen und **A**ussetzen heftig diskutiert und noch keine **R**unde gespielt worden war, beschlossen wir am frühen **A**bend einmütig, dass wir **a**lle am **b**esten noch etwas **S**innvolles „für die Schule" tun sollten.

34 S. 30
a) **E**nglisch
b) **S**panisch
c) **G**riechisch
d) **t**ürkisch / **T**ürkisch

35 S. 30
Ella: „Das **Hellgrün** des Pullovers wird dir sicher gut stehen." – Marie: „Ja? Eigentlich gefällt mir der **dunkelgrüne** Pullover besser. Meinst du, die Farbe passt zum **Schwarz** meiner Haare? – Ella: „Natürlich, zu **schwarzen** Haaren passt eigentlich jede Farbe. Ich glaube, ich nehme die **roten** Stiefeletten. Wie findest du sie?"

36 S. 31
a) die Weiße Flotte
b) die Heilige Brigitta
c) der Stille Ozean
d) der Heilige Abend
e) der Zweite Weltkrieg
f) der Technische Direktor
g) das Neue Testament
h) der Blaue Planet
i) die Erste Bundesliga
j) der Kalte Krieg

37 S. 32
a) türkischer Honig
b) Schwarzwälder Kirschtorte
c) Nürnberger Lebkuchen
d) Hamburger Aalsuppe
e) Wiener Schnitzel
f) Königsberger Klopse
Lösung: Pfälzer Saumagen

38 S. 33
a) der türkische Honig
b) die Schwarzwälder Kirschtorte

c) der / die Nürnberger Lebkuchen
d) die Hamburger Aalsuppe
e) das Wiener Schnitzel
f) die Königsberger Klopse

39 S. 33
a) die Frankfurter Börse
b) das Wiener Kaffeehaus
c) der Berliner Reichstag
d) die Thüringer Bratwurst
e) das Münchner Oktoberfest
f) die Schweizer Schokolade
g) das Brandenburger Tor
h) das Ulmer Münster
i) die Bremer Stadtmusikanten

40 S. 34
Gutes aus Europa
Der Schweizer Käse schmeckt mir am besten, obwohl der holländische Gouda auch nicht zu verachten ist. Belgische Pralinen mag ich gerne, doch auch die Engländer können gute Süßwaren herstellen. Das Bier in Düsseldorf, das Düsseldorfer Alt, ist ebenso bekannt wie der italienische Wein. Doch auch die Franzosen haben guten Wein, vor allem aber sind die französischen Croissants ein Genuss.

41 S. 35
a) **Br**üllende Vierziger
b) Karl **d**er **K**ahle
c) der **N**ahe Osten
d) die **h**eiße Sahara
e) der **R**asende Roland
f) **d**er **s**tille Don
g) der **G**roße Gatsby
h) im **K**aspischen Meer
i) über den **e**iskalten Gletscher
j) der **N**iedersächsische Landtag
k) die **b**laue Nordsee

42 S. 36
Lieber Herr Schneider,
viele Grüße aus Paris sendet **Ihnen Ihr** Schüler Moritz. Diese Stadt ist wirklich absolut spitze, **Sie** haben mir nicht zu viel versprochen. Und das, was **Sie** von **Ihrem** Bekannten erzählt haben, der so gerne mit dem THALYS fährt, kann ich jetzt erst richtig verstehen.
Alles Weitere werde ich **Ihnen** erzählen, wenn wir wieder in der Schule sind. Grüßen **Sie** bitte auch **Ihre** Frau ganz herzlich von mir!
Ihr Moritz

43 S. 37
a) groß: Ihrem
b) klein: dein
c) groß: Sie
d) groß: Sie – Ihrem
e) klein: euch – ihr

44 S. 37
Liebe Oma,
wie geht es **Dir / dir**? Ich hoffe doch, es geht
Dir / dir hervorragend! Heute habe ich endlich
einmal Zeit, **Dir / dir** und Opa einen Brief zu
schreiben.
Was habt **Ihr / ihr Euch / euch** für den Som-
mer vorgenommen? Deshalb schreibe ich
Euch / euch nämlich auch: Ich würde gerne
ein paar Tage bei **Euch / euch** Urlaub machen.
Ihr wisst doch, wie gerne ich bei **Euch / euch**
bin. Hättet **Ihr / ihr** Zeit? Darf ich kommen? Ich
würde mich sehr freuen!
Viele Grüße von
Eurer / eurer (auch möglich: **Deiner / deiner**)
Emily

② Getrennt- und Zusammen-
schreibung

1 S. 39
a) Wegen starken Seegangs geht das Schiff
unter.
b) Marie steht zu spät auf.
c) Die Wahlforscher sagen das Ergebnis voraus.
d) Nina steht ihrer besten Freundin bei der
Prüfung bei.

2 S. 40
a) Wir sind sehr spät in der Eishalle angekommen.
b) Im ersten Spielabschnitt haben die Pinguine
vorgelegt.
c) Aber im zweiten Drittel haben die Grizzlys
gleichgezogen.
d) Am Ende ist aber ein deutlicher Sieg für die
Pinguine herausgesprungen.

3 S. 40
a) tiefgefrieren   b) langweilen
c) überqueren   d) wetteifern
e) handhaben   f) schlussfolgern
g) durchwandern   h) schlafwandeln

4 S. 41
trennbar: a), c), e), f)
untrennbar: b), d), g)

5 S. 41
a) Lukas gibt den Kampf auf. – Lukas hat den
Kampf aufgegeben.
b) Johanna läuft um das parkende Auto
herum. – Johanna ist um das parkende Auto
herumgelaufen.
c) Am Freitag geht der Wochenendausflug
los. – Am Freitag ist der Wochenendausflug
losgegangen.
d) Frühere Spitzensportler geben ihre Erfahrungen weiter. – Frühere Spitzensportler haben
ihre Erfahrungen weitergegeben.

6 S. 42
Lösungsvorschlag:
a) Wie jede Woche werden wir auch diesen
Samstag wieder einkaufen fahren.
b) Das Geschirr müsst ihr nicht aufräumen, es
kann stehen bleiben.
c) Ihr könnt hier alles liegen lassen, es wird
sicher nichts geklaut werden.
d) Ich muss vor dem Sommer unbedingt
schwimmen üben.
e) Können wir in den nächsten Ferien wandern
gehen?

7 S. 43
a) verloren gegangen / verlorengegangen
b) verrückt gemacht
c) gereizt reagiert
d) angestrengt nachdenke

8 S. 43
a) Du wirst die Vase noch fallen lassen!
b) Kannst du mit mir rechnen üben?
c) Ich schlussfolgere, dass du viel gelernt hast.
d) In so einer Situation muss man gelassen
bleiben.

9 S. 44
a) Wenn Max die Akten nicht bearbeitet, werden sie ewig **liegen bleiben / liegenbleiben).**
b) Wenn wir nicht zum Tanken fahren, wird
unser Auto **stehen bleiben.**
c) Heute Abend werden wir zusammen **essen
gehen.**
d) Die Fußballfans werden heute im Stadion
hoffentlich **friedlich sein.**
e) Am Wochenende werden wir gemeinsam
Musik machen.
f) Mit dem Ergebnis der Klassenarbeit kann ich
ganz **zufrieden sein.**

LÖSUNGEN

10 S. 44
a) Wir wollen heute **segeln gehen**.
b) Deine Tochter kann auf ihr Zeugnis sehr **stolz sein.**
c) Wer sich nicht anstrengt, wird am Schuljahresende **sitzenbleiben.**
d) Ich würde das lieber **bleiben lassen.**
e) Du wirst das Training schon **schätzen lernen.**

11 S. 45
a) Brötchen kaufen
b) Schlittschuh laufen
c) Rad fahren
d) Gitarre spielen
e) Hände waschen
f) Rede halten

12 S. 46
a) heimkommen
b) irreführen
c) wettmachen
d) standhalten
e) stattgeben
f) teilhaben

13 S. 46
a) das Schlittschuhlaufen
b) Das Radfahren
c) Das Schachspielen
d) das Blumenpflücken

14 S. 47
a) Sobald ich achtzehn bin, lerne ich Auto fahren.
b) Das Autofahren macht mir großen Spaß.
c) Bring mich doch bitte heim.
d) Das Heimbringen macht mir nichts aus.
e) Wieso kannst du einfach nicht sitzen bleiben?

15 S. 47
a) Zusammensein
b) Zufriedensein
c) Dabeisein
d) Beieinandersein

16 S. 48
a) festbinden
b) wahrsagen
c) liebkosen

17 S. 48
a) schwarz streichen
b) schwarzarbeiten
c) rotgesehen

18 S. 49
a) Da kann man nichts mehr **schönreden.**
Ich weiß genau, dass du auch **schön reden** kannst.
b) Würdest du bitte **groß schreiben?**
Substantive musst du immer **großschreiben.**

c) Du wirst für dein Referat sicher eine gute Note bekommen, wenn du **frei sprechen** wirst.
Wir gehen davon aus, dass der Richter den Angeklagten **freisprechen** wird.
d) Das ist ein Geheimnis, du musst also unbedingt **dichthalten!**
Ich hoffe sehr, dass dieser Flicken den Schlauch auch auf Dauer **dicht halten** kann.

19 S. 50
blind sein (C); bekannt machen / bekanntmachen (C); kennenlernen / kennen lernen (A); schlecht rechnen (C); geheim halten (C); laut singen (C); froh sein (C); schief liegen / schiefliegen (C); hochrechnen (C); tiefstapeln (C); nachdenken (C); zuvorkommen (C); maßregeln (B); fallen lassen / fallenlassen (A); wetteifern (B); unterzeichnen (C); allein stehen / alleinstehen (C); beisammen sein (C); schlafwandeln (B); fortgehen (C); liebäugeln (C); auswendig lernen (C); nahe liegend / naheliegend (C); hochstapeln (C)

21 S. 51
a) hineinschauen
b) dorthin fahren
c) zusammenkleben
d) herumexperimentieren
e) nebenhergehen
f) besonders interessieren

22 S. 51
zunichtemachen
abhandenkommen
aufeinanderprallen
hinschauen
frohlocken

23 S. 52
a) innehaben
b) kehrtmachen
c) umhinkommen
d) vonstattengehen
e) vorliebnehmen
f) zugutehalten
g) zuteilwerden

24 S. 52
a) getrennt
b) getrennt
c) getrennt
d) zusammen
e) zusammen
f) getrennt

25 S. 53
handzuhaben
Sie geben ... preis
beim Heimgehen
Schlittschuh laufen
Rad fahren
wettzumachen
übertreten
miteinander reden
fertigbringen

26 S. 54
Lösungsvorschlag:
a) Sie will sich das Buch in der Bücherei **wieder holen,** um es ein zweites Mal zu lesen. – Sie muss ein Schuljahr **wiederholen.**
b) Der Autofahrer **fuhr** das Straßenschild **um.** – Meine Mutter **umfuhr** den Stau.
c) Matilda kann seit wenigen Wochen **sicher gehen.** – In dieser Sache will ich **sichergehen.**
d) Der Bürgermeister hat seine Ansprache **frei gehalten.** – Die Freundinnen haben mir einen Platz **freigehalten.**
e) Beim Arztbesuch musste ich meinen Oberkörper **frei machen.** – Einen Brief muss man mit einer Briefmarke **freimachen.**
f) Zur Schule wollen meine Schwester und ich immer **zusammen fahren.** – Sie ist vor Schreck **zusammengefahren.**

27 S. 55
a) Haus + hoch = haushoch
b) Gras + grün = grasgrün
c) Kind + leicht = kinderleicht
d) Blitz + schnell = blitzschnell
e) Lupe + rein = lupenrein
f) Sonne + klar = sonnenklar
g) Maus + tot = mausetot
h) Stein + reich = steinreich

28 S. 56
dunkelrot
hellwach
bitterernst
hochgiftig
schwerreich

29 S. 56
Lösungsvorschlag:
a) strahlend weiß
b) bezaubernd schön
c) gleißend hell
d) glühend heiß
e) beängstigend hoch
f) auffallend dick
g) erschreckend einsam

30 S. 57
kleinmütig   urlaubsreif
fingerbreit   klirrend kalt
herzensgut   liebestoll
dunkelbraun   feuchtfröhlich

31 S. 57
a) **falsch** – Verbindung von Substantiv + Adjektiv bildet zusammengehörigen Begriff, deshalb Zusammenschreibung: **stocksteif**
b) **richtig**
c) **falsch** – Verbindung von adjektivisch gebrauchtem Partizip + Adjektiv, deshalb Getrenntschreibung: **strahlend weiß**
d) **falsch** – Worteinsparung durch Verbindung von Substantiv + Partizip, deshalb Zusammenschreibung: **freudestrahlend** (vor Freude strahlend)

33 S. 58
a) Es ist **jahrelanges** Training ...
b) **Freudestrahlend** empfing sie ...
c) Millionen **sportbegeisterte** Zuschauer ...
d) **Knielange** Röcke ...
e) Mit **schmerzverzerrtem** Gesicht ...
f) ... die **riesengroßen** Figuren ...

34 S. 59
a) Die Läufer starten **zeitversetzt.**
b) Die aktuelle Lage ist **Besorgnis erregend / besorgniserregend.**
c) Diese Erneuerung ist **bahnbrechend.**
d) Der Hund jault **herzerweichend.**

35 S. 60
a) infrage
b) anhand
c) anstelle / an Stelle
d) infolge
e) aufgrund / auf Grund
f) mithilfe / mit Hilfe
g) zugunsten / zu Gunsten

36 S. 60
a) Anstelle / An Stelle
b) aufgrund / auf Grund
c) mithilfe / mit Hilfe

37 S. 61
a) Anstatt   b) Infolgedessen
c) zufolge   d) zugrunde
e) zustande   f) infrage
g) anhand   h) zuwege

38 S. 61
a) unter der Hand   b) zu Fuß
c) am Ende   d) außer Acht

39 S. 62
a) A-Dur   b) der Kfz-Mechatroniker
c) 1-zeilig   d) die VIP-Lounge
e) die S-Kurve   f) x-mal
g) das Genitiv-s   h) der 18-Jährige
i) die Fußball-WM   j) das Dehnungs-h

40 S. 63

Q	K	S	O	A	K	X	T	K	D	B	M	E	L	J	R	K	M	C	R	H	O	V	A
U	M	T	B	D	W	K	P	Ä	F	U	W	M	G	R	L	K	W	F	A	H	R	E	R
J	S	Ö	F	A	N	A	D	U	R	B	M	T	U	T	P	I	I	X	3	M	A	L	Ö
M	K	R	P	U	H	Y	H	P	T	E	T	P	S	J	W	R	Y	O	N	L	L	G	S
J	U	V	P	H	A	N	D	B	A	L	L	E	M	N	O	R	H	Y	Z	W	A	G	E
F	R	I	E	D	R	I	C	H	S	C	H	I	L	L	E	R	D	E	N	K	M	A	L
H	V	A	L	B	E	R	T	S	C	H	W	E	I	T	Z	E	R	S	C	H	U	L	E
Ä	E	C	C	E	N	T	V	Z	E	I	T	S	C	H	R	I	F	T	Q	F	F	G	C
Z	S	M	A	X	I	M	I	L	I	A	N	K	O	L	B	E	S	T	R	A	S	S	E
T	J	R	Z	A	K	F	Z	B	E	H	Ö	R	D	E	P	2	Z	E	I	L	I	G	Z
M	O	N	A	T	L	I	C	H	D	W	Y	B	Q	P	K	Ö	E	Y	P	Z	K	M	Q
Ä	F	X	M	D	H	D	Q	Ä	T	R	Ö	J	N	P	K	S	F	S	Ö	T	U	X	Q

Lkw-Fahrer
A-Dur
3-mal
Handball-EM
Friedrich-Schiller-Denkmal
Albert-Schweitzer-Schule
TV-Zeitschrift
Maximilian-Kolbe-Straße
Kfz-Behörde
2-zeilig
S-Kurve
S-Bahn
i-Punkt

41 S. 64
a) das 20fache   b) die 30er-Gruppe
c) ein 100stel Gramm   d) die n-te Potenz
e) der 200%ige   f) der 10-Euro-Schein

42 S. 64
a) das Entweder-oder
b) das Auf-die-lange-Bank-Schieben
c) das An-den-Haaren-Herbeiziehen
d) das In-den-Tag-hinein-Träumen
e) das Schwarz-Weiß-Sehen / Schwarzweiß-Sehen

43 S. 65
Armee-Essen, Armeeessen

Kaffee-Ernte, Kaffeeernte
Klee-Einsaat, Kleeeinsaat
Schnee-Eule, Schneeeule

44 S. 65
a) Musik-Erleben: das Erleben (Genießen) von Musik
Musiker-Leben: das Leben eines Musikers
b) Druck-Erzeugnis: das Erzeugnis (Produkt) eines Drucks
Drucker-Zeugnis: das Zeugnis eines Druckers
c) Altbau-Erhaltung: die Erhaltung eines Altbaus
Altbauer-Haltung: die Haltung von Altbauern (alten Bauern)

45 S. 66

Senkrecht:	Waagerecht:
1. Feier	2. Mittag
3. Winter	3. Wurst
4. Speise	5. Wohnzimmer
6. Haus	

46 S. 67
68er – C-Dur – Lebens- und Erlebensgefühl – 25-Jahr-Feier – Rock-'n'-Roll-Band – tolle Jubiläumsfeier – 30- bis 40-Jährigen – 60-Jährigen – S-Bahn – Solar-energie-Auto – Eine-Welt-Laden – Vitamin-C-haltige Orangen und Mandarinen – hin- und herwuschelt – braune oder lilafarbene – Schaf- oder Ziegenwolle – Cord- oder Jeanshosen – unveränderliche Kennzeichen – 70-jährigen – immer und überall – auf- und zumachen

❸ Dehnung und Schärfung

1 S. 68
Langer Vokal: Blume, sieben, malen, Rose, rot, nehmen, rufen
Kurzer Vokal: Locke, Witz, List, Sonne, Wand, bunt

2 S. 69
Lösungsvorschlag:
hören: Hörer, Zuhörer, Hörgerät, Hörfunk, Hörspiel, mithören, überhören, abhören, hörenswert, schwerhörig
Segen: segensreich, einsegnen, absegnen, gesegnet, Segensworte, Segnung
nahe: hautnah, beinahe, unnahbar, sich nähern, näher kommen, Nähe, Nahverkehr, Naherholungsgebiet
nehmen: annehmen, zunehmen, hochnehmen, mitnehmen, unternehmen, Teilnehmer, Benehmen, vornehm

3 S. 70
Beerenobst
Schneeschaufel
Ballsaal
Speerwurf
Personenwaage
Kaffeetasse
Seemann

4 S. 70
a) Seele   b) Staat   c) Zoo
d) doof   e) Moos   f) leer
g) Beiboot   h) Paar   i) Moor / Meer

5 S. 70
der Saal → das Sälchen
das Haar → das Härchen
das Paar → das Pärchen

6 S. 71
früh
erzählen
Zahnpastatube
Mehrheit

7 S. 71
Sicher hast du einen lustigen Satz gefunden. Achte darauf, dass das Dehnungs-h in verwandten Wörtern erhalten bleibt!

8 S. 72
a) Schwan   b) Strahl
c) Verkehr   d) Ton
e) Schuhe   f) Brühe
g) Rahmen   h) Fohlen
i) Schale   j) leise
k) Leute   l) Sohle
m) Quere   n) Träne
o) Schleuse   p) gewöhnlich

9 S. 72
a) lebten – verlegt – Damen – Juwelen – stehlen
b) Ohne Vorwarnung nahmen – Gefahren
c) Bestohlenen – wehrten – flehten – Gnade
d) wohl – Wahl

10 S. 73
a) Wiese   b) Ihr
c) gießen   d) Sieb
e) wiehern   f) lieh
g) friert   h) dies
Lösungssatz: Die Biene fliegt.

11 S. 74
Der Biber **liegt** auf der **Wiese** und **genießt** gerade den **friedlichen,** stillen Morgen. Er **schließt die** Augen und lauscht dem **lieblichen Lied** einer Meise. „**Hier** lässt es sich aushalten", denkt er gerade **zufrieden,** als er plötzlich von einem **widerwärtigen** Lärm gestört wird. Ein übel **riechender** Iltis hat bei seinem **Spaziergang** seine Schnauze **neugierig** in den **Bienenstock** gesteckt, um Honig zu stibitzen. Doch da werden die **niedlichen** Bienen zu bissigen **Biestern** und starten einen **gezielten** Angriff auf den **Dieb,** um **ihre** Vorräte zu verteidigen. Der **Biber sieht,** dass der Iltis Hilfe braucht, und lenkt **die Bienen** ab, bis sich der Iltis **schließlich** in Sicherheit gebracht hat.
„**Vielen** Dank, **lieber** Biber!" Der Iltis verbeugt sich und **beschließt,** in Zukunft vorsichtiger zu sein.

12 S. 74
Lösungsvorschlag:
Sie buchstabiert ihren Namen.
Hannes probiert den Kuchenteig.
Ich gratuliere dir zum Geburtstag.
Wir haben hart trainiert.
Wir gehen am Strand spazieren.
Meine Schwester hat die Bohrmaschine repariert.

13 S. 75
Senkrecht: **Waagerecht:**
1. Krokodil   4. Motiv
2. Kino   5. Lokomotive
3. Detektiv   8. Kamin
4. Mandarine   9. Bikini
5. Lawine   10. Bibel
6. Maschine
7. Medizin

14 S. 76
a) Rosine   b) Violine
c) Margarine   d) Ruine

15 S. 76
Krebs, über, gemütlich, da, waren, Schnabel, ja, brave, dir, du, ruft

16 S. 77
Elena ist nach der Schule **zi**emlich müde. Sie **gi**eßt sich ein großes Glas Milch ein. S**ie** ruft **ih**re Freundin Lena an und fragt, ob sie später mit **ihr** ins Kino gehen möchte. Die beiden fahren mit dem Fa**hr**rad in die Stadt.

LÖSUNGEN

17 S. 77
a) **Sie** stellte eine **Schale** auf den Tisch.
b) Hat er **wieder** nicht **angerufen?**
c) Mit böser **Miene** blickte er sie an.
d) Mit der **Bohrmaschine** ging die Arbeit leicht.
e) „Ist das **wahr**?", fragte **ihn** der Lehrer.
f) Die **Miete** war viel zu hoch.
g) Die **Rosen strahlen** im Sommer.
h) Die Musiker standen **schon** auf der **Bühne**.
i) Die **Waage** zeigte ein Kilo an.

18 S. 78
Ur- / ur-: Ursprung, uralt, Urzeit
-tum: Christentum, Altertum
-sal: Mühsal, Schicksal, Rinnsal
-bar: fahrbar, wunderbar, fruchtbar, ehrbar, furchtbar, genießbar
-sam: mühsam, wundersam, seltsam, langsam, furchtsam

19 S. 79

R	U	M	M	E	L	F	S	C	H	P	A	S
R	O	O	T	V	Q	D	C	H	X	A	W	T
E	M	T	A	G	I	J	H	S	Q	P	Z	I
S	B	T	R	U	Y	U	W	L	L	P	H	M
T	K	E	T	T	E	I	I	F	N	E	R	M
A	Y	E	A	E	T	I	M	G	R	E	V	E
M	K	L	N	E	B	O	M	U	R	C	E	N
P	E	N	N	R	F	L	B	A	B	U	L	A
E	N	W	E	E	K	K	A	T	Z	E	F	N
L	K	I	N	N	H	L	D	E	R	C	E	L
U	L	E	N	B	E	L	R	I	S	K	I	C
H	T	K	D	E	C	K	E	L	E	E	P	R
V	P	O	Z	K	B	L	E	V	E	X	H	A

20 S. 80
Lösungsvorschlag:
-atz-: Platz, platzen, Schatz, Katze, Tatzen, Satz, Glatze, Latz, Kratzer
-itz-: sitzen, blitzen, Besitz, flitzen, kritzeln, Ritze, witzig, Hitze, Glitzer, Spitze
-eck-: Decke, Hecke, Zecke, verstecken, entdecken, Fleck, Zweck, keck, schmecken

21 S. 80
a) der Wecker
b) der Witz
c) der Satz
d) die Decke
e) der Schreck
f) der Schatz
g) die Ritze
h) necken
i) motzen
j) der Rock

22 S. 81
kurzer Vokal: Katze, Biss, wenn, Rest, Hütte, Schluss, Mutter
langer Vokal: wen, Mut, Kater, wir

23 S. 81
a) **Ich** schi**cke** dir he**rzliche** Grüße aus den Ferien.
b) **Fi**nn und Maja e**ss**en bes**o**nders ge**rn** Nude**ln**.

24 S. 81
a) Die **Butter** steht auf dem Tisch.
b) Das Auto kam rasend **schnell** auf ihn zu. Er war starr vor **Schreck**.
c) Zuerst sahen wir die **Blitze**, dann **rollte** der Donner herbei.
d) Das Konzert war schön, nur die erste **Gruppe** hat mir nicht **gefallen.**

25 S. 82
a) Zimt
b) Gewitter
c) Banane
d) Kamel
e) Bande
f) Birke
g) Tatze
h) schwatzen
i) werfen
j) Dürre
k) Paket
l) Bettlaken

26 S. 82
a) Stift   Neffe   oft   Kaff   Kliff
b) **Ebbe**   Ober   heben   aber   Krabbe
c) Ampel   Kammer   Glimmer   Lama   Sumpf
d) Wette   Bart   Hirte   Matte   Pate

27 S. 82
ich falle – du fällst – er / sie / es fällt – wir fallen – ihr fallt – sie fallen
ich drücke – du drückst – er / sie / es drückt – wir drücken – ihr drückt – sie drücken
ich bette mich – du bettest dich – er / sie / es bettet sich – wir betten uns – ihr bettet euch – sie betten sich

28 S. 83
das Abfalllager
die Anschlussstelle
die Balletttruppe
die Schifffahrt
der Fetttropfen
die Sauerstoffflasche
stickstofffrei
das Fußballländerspiel
der Haselnussstrauch
der Schlusssatz

④ Der s-Laut

1 S. 85
a) **Lösungswort:** Erbse
b) **Lösungswort:** Straße

2 S. 86
a) Das Wasser im Schwimmbad war kalt.
b) Wir mussten lange an der Kinokasse warten.
c) Nach der Wanderung taten mir die Füße weh.
d) Ayasha blickte Theo misstrauisch an.
e) Ich fand das Konzert großartig.

3 S. 86
a) Sie schenkte ihm einen Strauß weißer Rosen.
b) Hast du Lust auf eine Floßfahrt?
c) Er reißt den Brief durch und ruft: „Mist! Das kann auch nur mir passieren!"
d) Er beißt nicht, er ist ganz lieb.
e) Ich esse die Reste auf.
f) Es schmeckte scheußlich!
g) „Das wusste ich doch!"
h) Sie war sehr fleißig.
i) Was kostet eine Reise nach Mallorca?

4 S. 87
a) Gruß – grüßen   b) Kreis – kreisen
c) Buße – büßen   d) Schuss – schießen
e) Hast – hasten   f) Hass – hassen
g) Riss – reißen   h) Maß – messen
i) Biss – beißen   j) Schloss – schließen
k) Speise – speisen   l) Genuss – genießen
m) Stoß – stoßen   n) Spaß – spaßen

5 S. 87
Lösungsvorschlag:
a) muss – Bus   b) fassen – Klassen
c) Tasse – Gasse   d) groß – Moos
e) Gas – Maß   f) Schloss – Boss
g) Moos – bloß   h) Hast – Rast
i) (er) fasst – passt   j) weiß – Reis
k) (ich) grüße – Füße   l) Gras – Fraß
m) (er) bläst – spähst   n) gießen – schließen
o) (sie) reist – meist   p) lesen – Besen

6 S. 88
das Ereignis → die Ereignisse
das Erfordernis → die Erfordernisse
die Erschwernis → die Erschwernisse
das Erzeugnis → die Erzeugnisse
das Hindernis → die Hindernisse
das Verhältnis → die Verhältnisse

7 S. 88
Floß → Flöße
Fluss → Flüsse
Biss → Bisse
Krokus → Krokusse
Kuss → Küsse
Gruß → Grüße

8 S. 89
missachten, die Missbildung, missbrauchen, missdeuten, die Missempfindung, missgelaunt, missfallen / das Missfallen, das Missgeschick, missgönnen, der Missgriff, die Missgunst, misstrauen / das Misstrauen

9 S. 89
a) Der Koch misst den Zucker für die Nusssoße ab.
b) Heiße Würstchen isst mein großer Bruder am liebsten.
c) Schließlich raste der Hund auf die Straße.
d) Der durstige Postbeamte besorgte sich ein Glas Wasser.

10 S. 89
Bremse: Nach einem Konsonanten steht ein einfaches s.
Saft: Am Wortanfang steht ein einfaches s.
Waise: Ein stimmhafter s-Laut ist immer ein einfaches s.
Masse: Wenn am Wortstammende ein s-Laut einem kurzen Vokal folgt, steht ss.
Straße: Ein stimmloser s-Laut nach einem langen Vokal wird als ß geschrieben.

11 S. 90
essen:
Präsens: ich esse, du isst, er / sie / es isst
Präteritum: ich aß, du aßest, er / sie / es aß
lesen:
Präsens: ich lese, du liest, er / sie / es liest
Präteritum: ich las, du lasest, er / sie / es las

12 S. 90
der Schuss, schießen, er schießt
der Fraß, fressen, er frisst
das Maß, messen, er misst
der Guss, gießen, er gießt
der Biss, beißen, er beißt
der Fluss, fließen, es fließt
der Verdruss, verdrießen, es verdrießt
das Schloss, schließen, es schließt

13 S. 91
Das war ein Spaß! Hast du gesehen, wie sie geschrien hat, als ich ihr den Schubs gegeben habe? „Lass das!" Aber das ist mir egal – man muss mit gleichem Maß messen. Ich kann mich noch genau erinnern, dass sie mir vor einem Jahr auch einen Stoß mit dem Fuß gegeben hat. Also ist das nur ausgleichende Gerechtigkeit. Aber du hast eigentlich recht: Jetzt ist Schluss damit. Man muss ja auch verzeihen können.

LÖSUNGEN

14 S. 91

Füße	Monster	blass
Blasebalg	Pusteblume	kriseln
rissig	Brise	Preis
Schweiß	Nisse	niesen

15 S. 91

Vom Straßenverkehr, von äußeren Hindernissen oder gar beißenden Hunden mal abgesehen – der eigentliche Feind des Postboten ist die Schreibweise. Er liest sorgfältig, aber oft gibt die Adresse Rätsel auf. Bei riesigen Bergen von Briefen kostet das Zeit und ist eine echte Belästigung. Die meisten Kunden erwarten, dass Briefboten allwissend sind und um jeden Preis alles loswerden wollen, egal wie schweißtreibend das ist.

16 S. 92

a) Das Geheimnis, das ich dir verraten habe, … (Relativpronomen)
b) Das Geheimnis, dass ich dich verraten habe, … (Konjunktion)

17 S. 92

a) Ich weiß, dass du da bist!
b) Das war mir neu!
c) Das Auto, das ich gekauft habe, ist kaputt.
d) Dass es regnet, wundert mich nicht.
e) Ich weiß, das ist nicht zu ändern.
f) Ich wollte dir das immer schon mal sagen.

18 S. 93

a) Relativpronomen
b) Demonstrativpronomen
c) Relativpronomen
d) Relativpronomen
e) Artikel

19 S. 93

Das Theaterstück, das die Schülerinnen und Schüler der Klassen 7 bis 10 gestern in der Aula der Sophie-Scholl-Schule aufführten und das zunächst auch ganz spannend war, wurde für die Zuschauer am Ende völlig langweilig, weil die jüngeren Darsteller das Stück offensichtlich nicht gut kannten und viele Fehler machten. Man sah ihnen oft an, dass sie sehr unsicher waren. Sicherlich hofften manche, dass der Vorhang bald wieder zugezogen würde. Außerdem goss der Kellner der Hauptdarstellerin das Wasser, das sie bestellt hatte, über das Kleid. Dass das erst kurz vor dem Ende des Stückes passierte, tröstete die Darstellerin auch nicht. Schließlich war sie so

frustriert, dass sie einfach ihren Mantel anzog und meinte, dass es im Restaurant recht kühl sei. Das Publikum applaudierte hinterher eher aus Höflichkeit als vor Begeisterung.

20 S. 94

a) dass b) Das c) das d) Das e) dass
f) Das g) das h) dass i) das j) Das
k) dass l) Das m) das
Lösung: „Also lautet ein **Beschluss**, dass der Mensch was lernen **muss**."

21 S. 95

a) Das Bild, **das** ich mir gestern gekauft habe, hänge ich über die Couch.
b) Das Buch, **das** mein Lehrer empfohlen hat, ist spannend.
c) Das Heft, **das** ich erst seit letzter Woche habe, ist bereits voll.
d) Das Mäppchen, das mir meine Oma geschenkt hat, gefällt mir.

22 S. 96

a) Niemand hätte vor 30 Jahren gedacht, **dass** der Computer heute zu fast jedem Haushalt gehört.
b) Das Leben der Menschen, **das** früher noch ein wenig ruhiger war, hat sich rasant verändert.
c) Vor 60 Jahren füllte das Gerät, **das** man Computer nannte, noch zwei Räume aus.
d) Heute sind die Computer für den alltäglichen Gebrauch so klein, **dass** sie in eine Aktentasche passen.
e) Viele Menschen wundern sich darüber, **dass** in einer Zeit, in der die Preise steigen, die Computer immer günstiger werden.
f) Aber die Fähigkeiten des menschlichen Gehirns, **das** viel leistungsfähiger ist, wird der Computer wohl nie erreichen.

23 S. 97

a) Es regnet draußen, sodass ich kein Sonnenbad nehmen kann.
b) Das Haus, das (welches) grün gestrichene Fenster hat, steht an der Straßenecke.
c) Mein Bücherregal, das (welches) viele Jahre lang gehalten hat, ist zusammengebrochen.
d) Unser Wohnmobil, das (welches) einen Motorschaden hat, steht noch auf Rügen.
e) Ich habe verschlafen, sodass ich den Bus nicht mehr erreiche.
f) Yannik hat Durst, sodass er zwei Glas Wasser trinkt.
g) Das Tablet meines Vaters, das (welches) er jeden Tag benutzt, ist ganz neu.

h) Ich habe gehört, dass Werder Bremen einen neuen Spieler gekauft hat.

i) Hannah schläft fest, sodass sie das Klingeln nicht hört.

⑤ Gleich und ähnlich klingende Laute

1 S. 98
a) die Pracht   b) warm   c) die Faust
d) verkaufen   e) schaden   f) rauben
g) der Bauer   h) die Zahl   i) blass
j) das Grauen

2 S. 99
a) Waise   b) Hai   c) Laie   d) Mais
e) Kaiser   f) Mai   g) Laib   h) Mailand
i) Saite   j) Laich

3 S. 100
a) die Wand
b) der Trab → traben
c) das Volk → die Völker
d) hart → härter
e) die Optik → der Optiker
f) der Schlag → schlagen

4 S. 100
a) Wer lebt von der Hand in den Mund? – Der Zahnarzt.
b) Wer hört alles und sagt nichts? – Das Ohr.
c) Was ist schwerer: ein Kilo Federn oder ein Kilo Blei? – Beides ist gleich schwer.
d) Wie viele Erbsen passen in ein leeres Glas? – Nur eine, dann ist das Glas nicht mehr leer.
e) Was ist beim Elefanten klein und beim Floh groß? – Das f.

5 S. 101
a) Stadtrad – Stadträte → Stadtrat
Windrat – Räder → Windrad
Stadtrant – Ränder → Stadtrand
b) störunksfrei – Störungen → störungsfrei
Betriep – betreiben → Betrieb
c) lephaft – Leben → lebhaft
Junkunternehmer – jünger → Jungunternehmer
gelopt – loben → gelobt
d) Autofahrd – Fahrten → Autofahrt
bad – gebeten → bat
Bat – baden → Bad
e) gehemmd – der gehemmte Schüler → gehemmt
Hemt – Hemden → Hemd

6 S. 102
gesprochen wie f: brav, davon, Larve, Vater, Veilchen, viele, Vogel
gesprochen wie w: Advent, nervös, Revolver, Vampir, Ventil, Verb, Villa

7 S. 103
a) die Phase   b) der Pharao
c) die Philippinen   d) das Alphabet
e) die Amphibie   f) der Asphalt
g) der Philosoph   h) die Katastrophe
i) das Phantom   j) das Phänomen

8 S. 103
a) Phantom   b) Katastrophe
c) Philosoph   d) Amphibie
e) Pharao   f) Phänomen

9 S. 104

Senkrecht:	Waagerecht:
a) Eidechse	g) Klacks
b) Ochse	h) Keks
c) Knicks	i) Dachs
d) werktags	j) sonntags
e) Koks	
f) Fuchs	

10 S. 105
Jonas hat mit seinem Vater eine Fahrradtour gemacht. Er hat seine Radtasche gepackt, sich seinen Helm aufgesetzt und anfangs kräftig in die Pedale getreten. Lässig hat er die ersten 20 km gemeistert, aber zum Schluss taten ihm doch die Hände weh, weil der Lenker nicht richtig eingestellt war. In der Jugendherberge, die auf dem Kaiserberg lag, hatte er es eilig, unter die Dusche zu kommen und seine Fahrradkleidung, die voller Staub war, zu waschen. Erst danach ist er mit seinem Vater in eine Pizzeria gegangen, die extragroße Pizzen anbot. Nachts weckte ihn das Schnarchen seines Vaters, der einen ganzen Wald absägte. Mit seinen Händen zog er an dessen Bettdecke und schon hörte das Geräusch auf.

11 S. 106
Lösungsvorschlag:
a) nervig: das nervige Gemecker
b) kindisch: der kindische Freund
c) heimlich: das heimliche Treffen
d) winzig: der winzige Zwerg

12 S. 106
a) friedlich   b) herzlich / herzig   c) hässlich
d) großartig   e) fürstlich   f) griechisch
g) kleinlich   h) haarig   i) prächtig

LÖSUNGEN

13 S. 106
heilig, ängstlich, verständlich, flockig, glücklich, rosig, staubig, gemütlich, anständig,
kurvig, sportlich

14 S. 107
die Endziffer, der Endspurt, der Endpunkt, das
Endprodukt, die Endfassung, die Endrunde,
das Endspiel

15 S. 107
falten: entfalten – die Entfaltung
ehren: entehren – die Entehrung
eignen: enteignen – die Enteignung
lassen: entlassen – die Entlassung
decken: entdecken – die Entdeckung
führen: entführen – die Entführung
werfen: entwerfen – der Entwurf

16 S. 108
Endlich haben wir die Karten! Völlig **ent**nervt
haben wir mehrere Stunden Schlange gestanden. Das **End**ergebnis sind zwei Konzertkarten
und zwei **ent**nervte Gesichter. An der **end**losen
Warteschlange sind immer wieder Menschen
mit **ent**geistertem Blick **ent**langgelaufen. **Ent**-
gegen aller Voraussagen hat es jedoch nicht
geregnet. Zwischendurch hat sich meine Freundin aus der Schlange **ent**fernt, um etwas zu
essen zu holen. Erst nach einer Stunde hat sie
eine Pommesbude **ent**deckt und ist glücklich
zurückgekommen. Allerdings waren die Pommes, als sie **end**lich bei mir ankamen, schon
kalt. Deshalb war ich etwas **ent**täuscht. Völlig
entsetzt war ich jedoch über den Preis: 3,50 €!
Für das Geld bekomme ich in der Imbissbude,
die an der **End**haltestelle meiner Straßenbahnlinie steht, mindestens das Doppelte.

17 S. 108
a) der Konfirmand → die Konfirmanden
b) der Korrespondent → die Korrespondenten
c) entzückend → die entzückenden Kinder
d) der Informand → die Informanden
e) der Lieferant → die Lieferanten
f) der Produzent → die Produzenten

18 S. 109
a) Dividend   b) Absolvent   c) Spekulant
d) Gratulant   e) Referent

19 S. 109
Die **Ent**täuschung war groß, als der Moderator
die Gewinnerin des Schauspielwettbewerbs
bekannt gab. Die unterlegene Favoritin probte
den Aufst**and**. Sie drohte damit, pik**ant** zu wer-

den und Details aus dem Leben des Moderators
auszuplaudern. **Ent**gegen der weitläufigen Meinung sei dieser nämlich nicht der nette Mann
von nebenan, wie ein Inform**and** ihr gesagt
habe. Der verhielt sich jedoch **ent**spannt und
meinte, die **Ent**scheidung sei ganz eindeutig für
die Gewinnerin gefallen. Diese wiederum zeigte
sich sehr erfreut, **end**lich den begehrten Preis in
den Händen zu halten. „Nun habe ich mein **End**-
ziel erreicht", rief sie unter Tränen. „Das ist das
Entgelt harter Arbeit!" Da sprang die Gegnerin
auf die Bühne und entw**and** der Gewinnerin die
Trophäe. Der Theaterintend**ant** lief dazu und es
entst**and** ein Handgemenge, in dem der Inten-
d**ant** der Favoritin den Preis wieder **ent**reißen
konnte. Was für ein Abend!

20 S. 110
a) Wann **seid** ihr fertig?
b) Meinen besten Freund kenne ich **seit** fünf
Jahren.
c) **Seit** ich dreimal die Woche laufe, ist meine
Kondition super.
d) Ihr **seid** meine besten Freunde.

21 S. 110
a) Seit   b) seid   c) seit
d) Seid   e) Seit   f) seid

22 S. 111
Niemand hätte damit gerechnet, **dass** die
Titanic, **das** größte Luxusschiff seiner Zeit,
einmal sinken würde. Als sie 1912 endlich aus
dem Hafen auslief, verließ man sich auf die
weitverbreitete Annahme, **dass** sie unsinkbar
sei. Es **ent**sprach dem Denken der Zeit, **dass**
die Menschen sich für unfehlbar hielten. **Seit**
der Erfindung der Dampfschiffe glaubten alle,
dass das Reisen auf dem Meer immer sicherer
würde. **End**lose und ungewisse Reisen wurden
nun planbar. Niemand hörte auf die Schiffbau-
er, die immer wieder warnten: „**Seid** vorsichtig!" Das Meer, **das** die Menschen schon immer
begeisterte, war für sie nun ein Verkehrsweg
wie jeder andere. **Ent**gegen allen Voraussagen
kam es dann jedoch zu einem so fürchterlichen
Unfall. **Seit** seinem Sinken liegt der Schiffsriese in 3800 Metern Tiefe. Er ist ein Wrack, **das**
Forscher und Andenkensammler gleichzeitig
anzieht. **Dass** die Titanic jemals gehoben wird,
ist sehr unwahrscheinlich.

23 S. 112
Mein Opa erzählt mir nie eine Geschichte, die
wahr ist. Gestern **war** er wieder einmal bei
uns. Ich sagte zu ihm: „Opa, wie **war** das, als du

jung **warst**? Erzähle mir eine Geschichte, aber sag mir die **Wahrheit**!"

Da fing er an: „Als ich jung **war**, da **war** ich ein berühmter Pirat. **Wahrscheinlich war** ich sogar der berühmteste Pirat aller Zeiten. Ich **war** der Anführer von vielen anderen Piraten, und wir **waren wahrhaftig** eine ziemlich wilde Mannschaft. Aber wir haben nichts Schlimmes getan, wir **waren** wie Robin Hood: Vielleicht haben wir schon mal das ein oder andere geklaut, aber wir haben es von den Reichen genommen und an die Armen verteilt. Ja, das **waren** aufregende Zeiten. Manchmal träume ich noch davon und wünschte, ich wäre noch einmal jung."

Mein Opa schaute mich verträumt an. Ob er mir die **Wahrheit** sagte? Ich **war** mir nicht sicher ...

24 S. 113
a) entkleiden
b) entlaufen
c) widersinnig
d) entseuchen
e) widerwillig
f) enthüllen
g) entfärben
h) Widerspruch
i) entfalten
j) entspiegeln / widerspiegeln
k) entlüften
l) widerrechtlich
m) entzaubern
n) entrollen
o) entgiften
p) Widersacher

25 S. 114
a) die Wiederwahl
b) das Wiedersehen
c) widerspiegeln
d) die Wiedergabe
e) die Wiederverwertung
f) widerspenstig
g) der Widersacher
h) der Widerhall
i) die Wiederholung
j) der Widerstand

26 S. 114
a) wieder aufführen
b) widerstehen
c) wieder bringen
d) widerfahren

27 S. 115
Stadt- / -stadt / Städte- / -städte: Stadtbezirk, Vorstadt, Stadtteil, Großstadt, Städtepartnerschaft, Industriestadt, Stadtbibliothek, Städtebau

statt- / -statt / -stätte: Ruhestatt / Ruhestätte, stattdessen, Raststätte, stattgeben, Arbeitsstätte, statthaft, Brandstätte, stattfinden

28 S. 116
a) Tod
b) Todfeind
c) tot
d) todmüde
e) totlachen

29 S. 116
a) enttäuscht
b) Gaststätte
c) Mandant
d) Anstatt
e) Stadtbibliothek
f) Todesstoß
g) städtisch
h) Abstand

30 S. 117
a) Mahl
b) dehnen
c) war
d) malen
e) Wal
f) denen
g) mahlen
h) wahr
i) Wahl

31 S. 118
a) Stiel
b) Lid
c) Miene
d) Lied
e) Stil
f) Mine

32 S. 118
Das Mädchen im Sterntalermärchen war ein **Waise**nkind. Es hatte nichts als einen **Laib** Brot. Es lief durch einen **Hain** und traf auf einen alten Mann, der **Hein** hieß. Dieser hatte eine ganz alte Gitarre bei sich, die nur noch drei **Saiten** hatte. Am **Leib** trug er nichts als ein altes Hemd, das auf der linken **Seite** schon einige Löcher hatte. Er sprach aber das Sterntalermädchen auf eine solch freundliche **Weise** an, dass dieses Mitleid mit ihm bekam und ihm den Rest von seinem Brot schenkte.

6 Fremdwörter

1 S. 119
a) Volleyball, Hockey
b) Jeep
c) Team
d) Sandwich
e) Beefsteak
f) Training

2 S. 120
a) chillen, die Party, die Jeans, cool, der Beat
b) das Team, das Training, das Mountainbike, das Foul, die Fairness, das Bodybuilding, das Match
c) der Computer, das Design, der Counter, online, der Download

3 S. 121
a) das Hobby
b) der Hotdog / Hot Dog
c) die City
d) der Cowboy
e) der Joystick
f) der Champion
g) das Highlight
h) der Podcast
i) der Breakdance
j) der / das Download
k) der Jetlag
l) der Teenager
m) der Chatroom
n) der Donut

4 S. 122
a) Mousse
b) Boutique
c) Tour
d) Tourist
e) Boule
f) Jalousie
g) Parcours
h) Boulevard

LÖSUNGEN

5 S. 123
Routine – viel Erfahrung beim Ausüben einer Tätigkeit
Balance – Gleichgewicht
Accessoire – modisches Zubehör zur Kleidung
Roulade – gerolltes Fleisch mit Füllung
Abonnement – regelmäßiger Bezug von Zeitungen
Etage – Stockwerk

6 S. 123
a) Chance – F
b) Breakdance – E
c) Highlight – E
d) T-Shirt – E
e) Event – E
f) Gangway – E
g) Milieu – F
h) Bubblegum – E
i) Niveau – F
j) Service-Point – E
k) jonglieren – F

7 S. 124
a) die Addit**ion** b) interess**ant**
c) die Diskuss**ion** d) der Dokt**or**
e) der Rad**ius** f) konsequ**ent**
g) das Public**um** h) ide**al** / ide**ell**
i) die Formal**ität** j) das Stud**ium**

8 S. 124
a) das Alphabet b) die Apotheke
c) der Tyrann d) der Apostroph
e) das System f) das Thema

9 S. 125
Arabisch: Baldachin, Damast, Mokka, Sirup
Griechisch: Asphalt, Bibliothek, Methode, Sympathie
Italienisch: Aquarell, Parmesan, Tenor, Terrakotta
Japanisch: Geisha, Kamikaze, Kimono, Sushi

10 S. 126
Kusine Fantasie
Biografie Panter
Tunfisch substanziell
Jogurt Diktafon
Saxofon Potenzial
Polonäse Portmonee
Brokkoli Soße

11 S. 126
a) Apokalypse
b) authentisch
c) Bouquet

d) Chromosom
e) Gastronomie
f) Kommission
g) Parodontose

12 S. 127
Senkrecht: Megalith, Geosphäre, Monokel, polyfon
Waagerecht: Biograf, Biotop, Geometrie, Monogramm, Teleobjektiv, Telepathie

13 S. 128
a) Teleobjektiv b) Geosphäre c) polyfon
d) Monogramm e) Megalith

14 S. 128
a) Poesie b) Orthografie
c) Grafik d) Alliteration
e) Parodie f) Fossil
Lösungswort: Safari

15 S. 129
Die Epoche der „Neuen Sachlichkeit" von 1920 bis 1935 – Ästhetik der Fakten
Mit einer kritischen ~~Depilation~~ **Distanzierung** von der utopisch-idealisierenden Haltung und der ~~dem~~ gefühlsbetonten ~~Jumelage~~ **Pathos** des Spätexpressionismus reagierte die Kunst in den 1920er-Jahren auf die nüchterne ~~Depressivität~~ **Realität** der Weimarer Republik, die von Inflation und politischer ~~Balance~~ **Instabilität** geprägt war. Zunächst ein Stilbegriff für die zeitgenössische Malerei, bezeichnete „Neue Sachlichkeit" bald auch innerhalb der Literatur die Bewegung, die eine sachlich-objektive Darstellung der Wirklichkeit anstrebte. Kollektiv ~~Kommentarlos~~ und ohne Übertreibung oder Beschönigung wurden die sozialen und ~~ökumenischen~~ **ökonomischen** Verhältnisse sowie das Alltags- und Arbeitsleben der Menschen in den Großstädten geschildert. Die Literatur verzichtete auf formale Experimente und erhielt ~~diskrepanten~~ **dokumentarischen** Charakter. Die bevorzugten Gattungen der „Neuen Sachlichkeit" waren die Reportage, der kritische ~~Effekt~~ **Essay** und der historische Roman.

⑦ Worttrennung

1 S. 130
a) la-chen b) lau-fen
c) sin-gen d) tan-zen
e) ra-scheln f) rech-nen
g) aus-stei-gen h) be-rich-ti-gen
i) auf-ste-hen

2 S. 131
a) Gardinen   b) Propeller   c) Italien
d) Luftschlösser   e) Apfelsaft

3 S. 131
a) artig → ar-tig
b) geizig → gei-zig
c) blumig → blu-mig
d) traurig → trau-rig
e) italienisch → ita-li-e-nisch
f) wählerisch → wäh-le-risch
g) verräterisch → ver-rä-te-risch

4 S. 132
a) der Bananenkuchen
b) der Bücherschrank
c) die Tischlampe
d) der Wintergarten
e) das Theaterstück
f) das Zuckergebäck
g) der Dienstagvormittag

5 S. 132
a) die Eierfrau   b) die Mülltonne
c) der Glücksbringer   d) der Nikolaus
e) die Schultasche   f) das Erdbeben
g) das Hamsterrad   h) die Tischdecke
i) das Taschengeld   j) der Entdecker

6 S. 133
Topf-lap-pen   Ost-al-pen
Matsch-wet-ter   Ve-ran-da
ver-schlie-ßen   biss-chen
Ver-än-de-rung   haupt-amt-lich
Teil-er-folg   Ent-eig-nung

7 S. 133
a) Ur-instinkt   b) ab-erkennen
c) An-alphabet   d) vor-bauen
e) be-inhalten

8 S. 134
Das Reb|huhn und die Hüh|ner
Ein Hüh|ner|freund kauf|te ein Reb|huhn,
um es in sei|nem Hof mit sei|nem an|de|ren
Ge|flü|gel lau|fen zu las|sen. Doch die Hüh|ner
bis|sen das Reb|huhn und trie|ben es im|mer
von der Nah|rung weg. Das tat dem Tier
sehr weh. Das Reb|huhn glaub|te, die|se
Be|hand|lung ge|schä|he ihm recht, weil es ein
frem|des Tier sei. Be|trübt zog es sich in ei|ne
Ecke zu|rück.
Bald aber sah das Reb|huhn, dass sich die
Hüh|ner un|ter|ei|n|an|der ge|nau|so bis|sen.
Dies trös|te|te das Reb|huhn und es sprach

zu sich: „Wenn die|se schlech|ten Tie|re
Feind|se|lig|kei|ten so|gar ge|gen sich selbst
aus|üben, dann wer|de ich wohl ei|ne sol|che
Be|hand|lung gleich|gül|tig er|tra|gen kön|nen."
Mer|ke: Geiz und Miss|gunst sind die größ|ten
Fein|de des Frie|dens.

9 S. 135
a) Sa-xo-fon   b) pro-mi-nent
c) Bio-lo-ge   d) Ja-lou-sie
e) Re-cyc-ling   f) Fo-to-graf
g) ad-die-ren   h) Sym-pa-thie
i) Apo-the-ke

(8) Zeichensetzung

1 S. 136
a) T: „Wo warst du gestern?" – B: „Hast du mich
gesehen?"
b) T: „Wie alt ist sie?" – B: „Das geht dich gar
nichts an." – T: „Jetzt sag schon!"
c) T: „Wer war das?" – B: „Das sage ich dir doch
nicht**. / !**"
d) T: „Bist du sauer?" – B: „Warum fragst du?" –
T: „Ich meine nur so."
e) B: „Jetzt lass den Kopf nicht so hängen!" –
T: „Bei mir hängt nichts**.**" – B: „Es sieht aber
gerade anders aus**. / !**"

2 S. 137
Schenken Sie uns fünf Minuten Aufmerksam-
keit**! / !** Es geht um die Sicherheit Ihrer Kinder**. / !**
Immer mehr Kinder sterben im Straßenver-
kehr. Das muss nicht sein! Wollen Sie noch
länger tatenlos zusehen? Durch Geschwindigkeitsbegrenzungen könnten viele Unfälle
vermieden werden. Wir Eltern setzen uns dafür
ein. Machen auch Sie bei unserer Aktion mit!

3 S. 137
a) Wann kommst du?
b) Liest du (ein Buch mit) „Harry Potter"?
c) Schläfst du schon?
d) Wer ist das?

4 S. 138
Gullivers Reise nach Liliput (nach Jonathan Swift)
Das Schiff fuhr nach Ostindien und ich hatte
als Arzt nicht viel zu tun. Doch eines Nachts
gerieten wir in einen fürchterlichen Sturm.
Welch ein Unwetter zog über uns her! Nach
mehreren Tagen Kampf gegen die Naturge-
walten zerbrach die „Antilope" und versank**.**
Was sollte jetzt aus mir werden? Ich trieb ohne
Hoffnung auf Rettung allein auf den Wellen

durch die dunkle Nacht. Da, plötzlich fühlte ich Grund unter meinen Füßen! Wo war ich? Ich stolperte durch den nassen Sand und betrat festen Boden. Nirgends sah ich Zeichen menschlichen Lebens. Nun, fürs Erste war ich gerettet! Beruhigt schlief ich ein. Am nächsten Morgen wollte ich mich wohlig in der warmen Sonne rekeln. Doch was war das? Ich konnte mich nicht bewegen! Jetzt wollte ich mich aufsetzen. Es misslang! Noch nicht einmal den Kopf konnte ich bewegen! Was war in der Nacht geschehen? Mit langsamen Bewegungen versuchte ich, den Kopf aus seiner seltsamen Starre zu befreien. Nach Verlust mehrerer Haare konnte ich den Kopf wenigstens so weit bewegen, dass ich an mir herunterschauen konnte. Ich war von Kopf bis Fuß gefesselt! Doch wer hatte dieses Kunststück vollbracht?

5 S. 139
a) Auf dem Markt gibt es Fisch, Fleisch, Gemüse und Obst.
b) Der Fischverkäufer bietet wenige große und viele kleine Fische an.
c) Bei der älteren Frau kann man Kopfsalat, Salatgurken, Pfirsiche, Paprika sowie Kürbis kaufen.
d) Am benachbarten Stand gibt es verschiedene Wurstsorten: Sowohl Grillwürste als auch Schinken, Leberwurst oder Salami sind dort zu haben.

6 S. 140
a) blau, rot oder gelb
b) Deutsch, Englisch und Mathematik
c) Apfelsaft, Kirschsaft und Orangensaft sowie heiße Milch mit Schokolade
d) klettern, springen und essen Bananen
e) musizieren, singen und Gedichte vortragen wie auch Geschenke auspacken
f) einen Bastelkurs buchen, einen Bauernhof besuchen oder wandern gehen

7 S. 141
Lösungsvorschlag:
Für die Zubereitung eines Biskuitrollenteigs benötigt man 4 Eier, 150 g Zucker, eine Prise Salz, 2 Esslöffel warmes Wasser, 100g Mehl, 2 Teelöffel Backpulver und 2 Päckchen Vanille-Puddingpulver.

8 S. 141
Kleine, quirlige Kinder
zwei unvorsichtige Vierjährige
die unübersichtliche alte Hauptstraße

weißes, süßes und kleines Kaninchen
mit schweren, schmerzenden und langwierigen Verletzungen
Der behandelnde junge Arzt

9 S. 142
a) Gib mir bitte das kleine rote Heft, nicht das große rote Heft.
b) Wir hätten gerne rote, blaue und gelbe Heftumschläge, nicht grüne und weiße.
c) Wir nehmen besser den neuen großen Schlitten mit, nicht den alten großen Schlitten.
d) Ich entscheide mich für den jungen holländischen Käse. Dieser schmeckt sicher besser als der alte holländische Käse.

10 S. 142
Lösungsvorschlag:
a) … rutschen, schwimmen und Pommes essen.
b) … Krimis, Romanen und / oder Comics.
c) … Schokoladeneis, Erdbeereis und / sowie Vanilleeis.

11 S. 143
Eine Stadtmaus ging einmal spazieren, als ihr eine Feldmaus begegnete. Die Feldmaus gab der Stadtmaus gerne von ihren Vorräten ab. Weil die Feldmaus aber nur Früchte besaß, lud die Stadtmaus sie zu einem Besuch bei ihr ein. Ihre Speisekammer war voll mit herrlichen Speisen. Es gab Brot, Schinken, Speck und allerlei mehr. Da kam aber der Besitzer der Kammer herein und die Mäuse suchten vor Angst ein Versteck. Die Stadtmaus floh in ihr Mäuseloch. Da die Feldmaus sich aber nicht auskannte, fand sie kein Versteck und wäre beinahe umgekommen. Danach wollte die Feldmaus schnell wieder nach Hause. „Bleibe du ruhig eine feine Stadtmaus. Ich will ein armes Feldmäuschen bleiben und meine Eicheln und Nüsse essen. Hier in der Stadt fühle ich mich nicht sicher, weil es überall Gefahren gibt. Allein auf dem Land bin ich frei und sicher in meinem Feldlöchlein."

12 S. 144
a) Komma muss eingefügt werden.
b) Komma kann eingefügt werden, muss aber nicht.
c) Komma kann eingefügt werden, muss aber nicht.
d) Komma muss eingefügt werden.
e) Komma muss eingefügt werden.

13 S. 144
a) … eine Lesenacht, ich freue mich …
b) … mitbringen(,) und wir stellen es …

LÖSUNGEN

c) ... „Emil und die Detektive", aber das ...
d) ... das Buch kindisch, ich will ...

14 S. 145
a) der, b) die, c) das, d) den

15 S. 145
a) Dein neues Fahrrad, das sicher sehr schnell fährt, gefällt mir.
b) Der Papagei, der sehr teuer ist, kann sprechen.
c) Meinen neuen Füller, den ich zum Geburtstag bekommen habe, benutze ich sehr gerne.

16 S. 146
a) Ich komme, obwohl mich der Film nicht interessiert, heute Abend mit ins Kino.
b) Vielleicht kann ich meine Freunde, sobald wir im Kino sind, auch zu einem anderen Film überreden.

17 S. 146
Heute war so ein richtig verflixter Morgen. Nachdem ich mich aus dem Bett gequält hatte, rutschte ich auf der Fußmatte aus. Ich rappelte mich hoch und hinkte ins Bad, das wie immer besetzt war. Meine Schwester! Damit sie ja auch schön genug ist, steht sie immer eine halbe Stunde früher auf und nimmt das Badezimmer in Beschlag. Wirklich klasse! Wenn sie dann endlich fertig ist, kann man das Bad erst einmal nicht betreten, weil sich eine riesengroße Duftwolke darin ausgebreitet hat. Ich trat also gegen die Tür, um mich wenigstens bemerkbar zu machen. Und wie ich meiner Wut so freien Lauf ließ, durchfuhr mich ein stechender Schmerz: mein großer Zeh! Ich musste ihn angeknackst haben. Nachdem ich langsam zurück ins Bett gehumpelt war, zog ich mir die Decke über den Kopf. Hier kriegt mich keiner mehr raus.

18 S. 147
muss: a), c), d)
kann: b), e)
Lösungswort: Komma

19 S. 147
a) Sie rechnet fest damit, zum Geburtstag eine DVD zu bekommen.
b) Eine tolle Party feiern zu können(,) ist ihr großer Traum.
c) Sie hofft(,) von ihren Eltern nicht allzu sehr gestört zu werden.

20 S. 148
a) Sie hat einige Jungen eingeladen(,) und allzu neugierige Eltern würden da doch nur hinderlich sein.
b) Vor lauter Vorfreude ganz aufgeregt, so erwartet sie ihre Gäste.
c) Sie öffnet ihren Freundinnen die Tür, glücklich und freudestrahlend.
d) Kaum angekommen(,) tanzen schon alle zur Musik.

21 S. 148
a) **Dafür** steht der Name, von guter Qualität zu sein.
b) **So** ging er dahin, geheilt und ohne Beschwerden.
c) **Aus diesem Grund** lief er vor ihnen davon, um schnell zu entkommen.
d) **Es war so,** wie sie es sich vorgestellt hatte.

22 S. 149
Bücher über die Lebensweise, **(Aufzählung)** die Kultur und das Land der Indianer werden zusammenfassend als Indianerbücher bezeichnet. Sie wurden von Schriftstellern weißer Hautfarbe verfasst und entstanden ab dem 17. Jahrhundert, **(Nebensatz)** als sich Missionare und Wissenschaftler mit den Lebensumständen und Gebräuchen der Indianer vertraut machten. Zu den berühmtesten, **(Aufzählung)** viel gelesenen Indianerbüchern zählen die 1823 bis 1841 erschienenen „Lederstrumpf"-Romane von James Fenimore Cooper. Im 19. Jahrhundert entstanden dann viele Indianerbücher, **(Relativsatz)** in denen sich die Anteilnahme am Kampf der Indianer gegen die weißen Eroberer ausdrückte. Dargestellt wurden v. a. die blutigen grausamen Auseinandersetzungen zwischen den Indianern Nordamerikas und den weißen Siedlern, **(Relativsatz)** die als Eroberer in die Prärie gekommen waren. Solche Indianerbücher waren meist als unterhaltsame Reise- und Abenteuerromane verfasst, **(Relativsatz)** die über die Bräuche der Indianer informierten, **(Relativsatz)** die Lebenssituation aber oft idealisierten, **(Aufzählung)** verherrlichten und nur ein unzureichendes Bild von den Auseinandersetzungen vermittelten. Im 20. Jahrhundert erschienen dann vorwiegend historische und völkerkundliche Indianerbücher. Die Indianerliteratur als Literatur der indianischen Bevölkerung dagegen umfasst die überlieferten Erzählungen, **(Relativsatz)** die zumeist mündlich weitergegeben werden, **(Relativsatz Ende)** sowie die Gesänge der Indianerstämme.

23 S. 150

a) <u>Anstatt konzentriert zu arbeiten</u>, schaut Henry lieber nach seinen E-Mails oder spielt ein Computerspiel.

b) Der Einbrecher wurde bei dem Versuch, <u>die Balkontür aufzuhebeln</u>, vom Hausbesitzer überrascht.

c) Es macht unserem Hund sichtlich Freude, <u>jedem geworfenen Stock hinterherzulaufen</u>.

d) Der Kellner balanciert das Tablett, <u>ohne etwas zu verschütten</u>, die steile Treppe hinauf.

e) Man sollte stets bemüht sein, <u>seine Leistungen in der Schule zu verbessern</u>, das sage ich dir als dein Freund.

f) Deinem Plan, <u>mit dem Fahrrad quer durch Europa zu fahren</u>, kann ich nur widersprechen.

g) Hermann der Cherusker und seine germanischen Krieger schlugen die Römer im Teutoburger Wald, <u>anstatt vor der Übermacht zu fliehen</u>.

h) <u>Einfach die Schule zu schwänzen</u>, dazu hast du kein Recht.

i) Deinen Grundsatz, <u>bei Klassenarbeiten niemals zu mogeln</u>, kann ich nur rühmen.

j) Ich habe darauf gewartet, <u>die Sonne aufgehen zu sehen</u>.

k) <u>Immer die richtige Entscheidung zu treffen</u>, das ist gar nicht so einfach.

l) Ich habe den festen Vorsatz, <u>heute trotz des Fußballspiels nicht zu spät ins Bett zu gehen</u>.

m) Lotta geht in den Keller, <u>um frische Marmelade zu holen</u>.

n) Der Kater Kasimir kann es nicht lassen, <u>beim Essen auf den Tisch zu springen und das Essen anzuschnuppern</u>.

24 S. 151

Mohandas Karamchand Gandhi, **genannt Mahatma Gandhi**, wurde im Oktober 1869 in Porbandar, **einer Küstenstadt in Indien**, geboren. Mahatma Gandhi, **sein Name bedeutet „große Seele"**, war Rechtsanwalt. (...) Beim Salzmarsch, **einer der bekanntesten Aktionen Gandhis**, folgten ihm Hunderttausende von Menschen, um Salz, **ein wertvolles Mineral**, aus dem Meer zu gewinnen. Im Jahr 1948, **ein Jahr nach der Unabhängigkeit Indiens**, wurde Gandhi ermordet.

25 S. 152

a) Kartoffeln, Eier, Öl, Essig, Salz und Pfeffer, **die Zutaten für einen Kartoffelsalat**, kann man im Supermarkt kaufen.

b) Miray, **ein großer Fan von Taylor Swift und One Direction**, hat ihr Zimmer mit den Postern der Superstars tapeziert.

c) Viele Sportbegeisterte schauen zu, wenn im Fernsehen ihre Lieblingssportarten, **Fußball und Tennis**, übertragen werden.

26 S. 153

a) „Fisch, meine Damen und Herren, kaufen Sie frischen Fisch!"

b) „Die Matjesfilets, die sehen aber lecker aus, ich hätte gerne zehn Stück."

c) „Guten Tag, mein Herr, was kann ich für Sie tun?"

d) „Die Pfirsiche, sind sie frisch und saftig?"

e) „Aber sicher, die haben gestern noch in Griechenland am Baum gehangen."

f) „Heute im Angebot, frische Grillwürstchen, herzhaft und würzig im Geschmack!"

g) „Grillwürstchen, ja, die hatten wir schon lange nicht mehr, ich nehme acht Stück."

h) „Halt, das waren zwei zu viel!"

27 S. 154

a) „Puh, ist das warm hier!", <u>stöhnte Niklas</u>.

b) „Ich denke", <u>begann er</u>, „dass wir diesen Plan fortführen sollten."

c) <u>Die Mutter fragte</u>: „Ist das alles oder brauchst du sonst noch etwas?"

28 S. 154

a) „Mir gefällt die Geschichte überhaupt nicht!", schimpft Paul.

b) „Warum?", fragt Anna nach. „Ist doch interessant, was der Wanderer mit seinem Esel erlebt."

c) „Und außerdem", fügt Marie hinzu, „ist die Vorstellung, dass ein Esel getragen wird, echt komisch."

d) Die Lehrerin meldet sich zu Wort: „Nun mal langsam. Jeder darf hier sagen, wie ihm die Geschichte gefällt."

29 S. 155

a) Die Mutter stellte fest: „Leider können wir nicht ins Kino gehen." – „Leider können wir nicht ins Kino gehen", stellte die Mutter fest.

b) „Ihr zwei kommt mit mir", sagte der Rektor. – „Ihr zwei", sagte der Rektor, „kommt mit mir."

c) Oma fragte: „Seht ihr die Sterne am Himmel?" – „Seht ihr", fragte Oma, „die Sterne am Himmel?"

d) „Ich behaupte, dass das keine gute Idee ist!", plusterte sich Lukas auf. – „Ich behaupte", plusterte sich Lukas auf, „dass das keine gute Idee ist!"

30 S. 156

Da dreht sich Ron um und fragt die Mutter: **„Kannst du bitte aufhören zu saugen? Wir verstehen kein Wort!"**
Diese antwortet: **„Macht ihr dann später den ganzen Dreck weg?"** Ron zuckt mit den Schultern und schaltet den Fernseher lauter. **„Kann man hier nicht einmal in Ruhe seine Zeitung lesen?"**, schimpft der Vater, der im Sessel sitzt. Lina, die gerade am Esstisch ihre Hausaufgaben machen will, schüttelt den Kopf und murmelt vor sich hin: **„Das darf doch nicht wahr sein! So eine chaotische Familie!"**

31 S. 157

a) Jonas erklärte: **„Das kann ich leider nicht tun."** – Jonas erklärte, dass er das leider nicht tun könne.
b) Oma sagt: **„Heute muss ich zum Augenarzt."** – Oma sagt, dass sie heute zum Augenarzt müsse.
c) Der Lehrer fragt: **„Wer kann mir die Frage beantworten?"** – Der Lehrer fragt, wer ihm die Frage beantworten könne.

32 S. 157

a) … fragte, **wer** vom Beckenrand …
b) … erkundigte sich, **ob** …
c) … zurück, **weshalb / wieso / ob** sie …
d) … fragte, **woher** sie …
e) … fühlte vor, **welche** Strafe …

33 S. 158

a) Das Kind erzählt seiner Mutter: **„Heute ist ein Neuer in die Klasse gekommen."**
b) Folgende Zutaten sollte man im Haus haben: mehrere Eier, Mehl und Salz.

34 S. 158

Quiet Party (engl.: „Stille Party"): Neuer Flirt-Trend (kommt aus den USA). Party, bei der Reden und laute Musik (selbstverständlich auch Flüstern und Klatschen) / – selbstverständlich auch Flüstern und Klatschen – verboten sind und die Gäste sich mit (natürlich selbst geschriebenen) Zetteln verständigen.

Zweck: Das Flirten wird erleichtert, da man nicht mehr gegen den Hintergrundlärm (normalerweise ohrenbetäubend) anschreien muss.

35 S. 159

a) Viele Schüler haben – was ich verstehen kann! – die Arbeit geschwänzt.
b) Und die Note – ist das zu glauben? – zählt noch zur Gesamtnote.
c) Unser Lehrer sagt – das ist unglaublich! – er hätte genug mit uns geübt.
d) Ich werde mich beim Rektor – mit ihm kann man reden – beschweren.
e) Jetzt muss ich noch mit meinen Eltern – die werden es verstehen – reden.

36 S. 160

Neulich (ich glaube, es war vor etwa zwei Wochen) waren meine Freundin Tina und ich shoppen – natürlich in unserer Lieblingsstadt, wie immer. Es war ein schöner Tag; die Sonne schien und dennoch war es nicht zu heiß – genau das richtige Wetter für einen Stadtbummel. Und es wurde ein Glückstag für mich: Ich kaufte einen Rock und eine wunderschöne Halskette – beides im Sonderangebot. Und ich hatte noch Geld übrig, um Tina auf ein Eis einzuladen (natürlich bei unserem Lieblingsitaliener). Doch als ich das Eis bezahlen wollte, bekam ich einen Schreck: Mein Geldbeutel war weg! Ich wühlte alle meine Taschen durch; er blieb verschwunden. Ich überlegte: Wann hatte ich den Geldbeutel das letzte Mal gehabt? Als ich meine Kette gekauft hatte! Es half nichts: Wir mussten den ganzen Weg zurückgehen. Wir gingen also los (natürlich mit entsprechend schlechter Laune). Während des Gehens löste ich den Knoten meiner Weste, die ich mir um die Hüfte gebunden hatte, um sie anzuziehen, als plötzlich ein dumpfes Geräusch erklang. Ich blieb stehen und schaute mich um: Mein Geldbeutel lag hinter mir auf dem Gehweg. Tina – sie lief hinter mir – lachte: „Er ist aus deiner Weste gefallen!" Ich schüttelte den Kopf: Dass ich daran nicht gedacht hatte!

Register

A ä / äu oder e / eu? 98
Abkürzungen 62
Adjektive 17, 48, 55, 57, 106
Adverbien 22, 51
ai oder ei? 99
Amtsbezeichnungen 31
and oder ant? 107
Aneinanderreihungen 63
Anführungszeichen 154
Angst oder angst? 13
Anreden 153
Anredepronomen 36
Appositionen 151
Aufzählungen 139
Auslautverhärtung 100
Ausrufe 153
Ausrufezeichen 136

B b oder p? 100
Bange oder bange? 13
Begleitsatz 154
Beifügungen 151
Betonung 51
Bindestrich 62, 65, 66

D d oder t? 100
das oder dass? 92, 95, 111
Dehnung 68
Dehnungs-h 68, 71, 73
Diphthong 71, 79
direkte Rede 7, 154, 155
Doppelkonsonanten 79
Doppelpunkt 7, 158
Doppelvokale 68, 70
drei gleiche Buchstaben 83
du 36
dutzend 28

E e / eu oder ä / äu? 98
Ehrenbezeichnungen 31
ei oder ai? 99
Eigennamen 31, 63
Einschübe 151
Einzelbuchstaben 62
end oder ent? 107
englische Fremdwörter 119
Ergänzungsbindestrich 66
Erläuterungen, nachge-
stellte 151

F -fach 62
Farben 30
feste Begriffe 31
f-Laut 102

Fragezeichen 136
französische Fremdwörter
122
Fremdwörter 119, 122, 124,
125, 135

G g oder k? 100
Gedankenstrich 159
geografische Bezeich-
nungen 31
griechische Fremdwörter
124

H Hauptsätze 143
Herkunftsbezeichnungen 31
historische Ereignisse 31
Homofone 117
hundert 28

I -ig, -isch oder -lich? 106
i-Laut 73
indirekte Rede 157
Infinitivgruppen 147

K k oder g? 100
Kalendertage, besondere 31
Klammern 158
Komma 139, 143, 151
Konjunktionen 22, 139, 144
Konsonantenhäufung 79

L lateinische Fremdwörter
124
Leid oder leid? 13
-lich, -isch oder -ig? 106

M Mengenangaben 17, 26

N Nachsilben 62, 78, 88
Nachträge 151
Namen 31, 63
Nebensätze 143

P p oder b? 100
Partizipgruppen 148
Partizipien 22, 42, 55
Präpositionen 22
Pronomen 22
Punkt 136, 155

R Recht oder recht? 13
Redebegleitsatz 154
Reihung 139
Relativsatz 145

S Satzanfänge 7
Satzgefüge 143

Satzreihe 143
Satzschlusszeichen 136, 155
Schärfung 79
Schuld oder schuld? 13
seid oder seit? 110
Semikolon 160
Sie 36
Silbentrennung 130, 131, 135
s-Laut 85, 88, 90
Sprachbezeichnungen 30
stadt oder statt? 115
Stammprinzip 98
Strichpunkt 160
Substantive 7, 45
Substantivierungen 14,
17, 22
Substantivverbindungen
59, 60

T t oder d? 100
Tageszeiten 26
tausend 28
Titel 7
Titelbezeichnungen 31
Tod oder tot? 116

U Überschriften 7
Uhrzeit 26
unbestimmte Mengen 28

V Verben 14, 39
Verbverbindungen 39, 42,
45, 48, 51
Verlängerungsprobe 100
verwandte Wörter 100
Vokallänge 68, 79, 90
Vorsilben 78, 88

W war oder wahr? 112
wider oder wieder? 113
Wortbausteine 127
wörtliche Rede 7, 154, 155
Worttrennung 130, 131, 135

X x-Laut 104

Z Zahlen 22, 26, 28, 62
Zeitangaben 26
Ziffern 62
zusammengesetzte
Substantive 12
Zusätze 151

REGISTER